高等教育管理与校园文化建设研究

廖薇　左雪　旷文杰　著

GAODENG
JIAOYU
GUANLI YU
XIAOYUAN
WENHUA
JIANSHE
YANJIU

吉林出版集团股份有限公司

图书在版编目（CIP）数据

高等教育管理与校园文化建设研究 / 廖薇, 左雪,
旷文杰著. -- 长春 : 吉林出版集团股份有限公司,
2023.1
　　ISBN 978-7-5731-2560-6

Ⅰ.①高… Ⅱ.①廖… ②左… ③旷… Ⅲ.①高等教
育—教育管理—研究—中国②高等学校—校园文化—建设
—研究—中国 Ⅳ.①G649.2②G647

中国版本图书馆CIP数据核字(2023)第035064号

高等教育管理与校园文化建设研究

GAODENG JIAOYU GUANLI YU XIAOYUAN WENHUA JIANSHE YANJIU

著　　者　廖　薇　左　雪　旷文杰
出 版 人　吴　强
责任编辑　刘东禹
装帧设计　魏枫云
开　　本　710 mm × 1000 mm　1/16
印　　张　10.25
字　　数　180千字
版　　次　2023年1月第1版
印　　次　2023年8月第1次印刷

出　　版　吉林出版集团股份有限公司
发　　行　吉林音像出版社有限责任公司
　　　　　（吉林省长春市南关区福祉大路5788号）
电　　话　0431-81629667
印　　刷　吉林省信诚印刷有限公司

ISBN 978-7-5731-2560-6　　定　　价　58.00元

前　言

　　学校要实施现代化教育，必须建构现代化的校园文化。校园文化既是一种育人的氛围，又是一种全面的育人方式和途径，对大学生的健康成长至关重要。它是在多维变化的过程中，通过辩证、批判地取舍，经过提炼和升华，形成具有核心意义的学校精神，促进整个学校的教育管理、教育思想和教学方法等变革，促使学生产生积极的情感和创造的意识，成为学校培育现代化具有的独特财富和资源。在加强和改进大学生思想政治教育、培养创新人才、坚持大学内涵发展等多重背景下，校园文化建设是高校教育教学中一项十分有意义的工作。教育管理就是管理者通过组织协调教育队伍，充分发挥教育人力、财力、物力等信息的作用，利用教育内部各种有利条件，高效率地实现教育管理目标的活动过程；是国家对教育系统进行组织协调控制的一系列活动。教育管理分为教育行政管理和学校管理。高校教育管理作为教育管理活动的有机组成部分，可以划分为高校行政管理、教学管理和学生教育管理三个部分。

　　教育管理的好与坏直接影响教学质量，在高校发展中占据着重要地位。校园文化建设直接影响高校的教育管理，对构建我国社会主义和谐社会起到重要的作用。

　　本书从高校教育管理本质入手，阐述了当前我国在高等教育管理中实施的课程改革体制构建模式，以及针对学生采取管理的创新研究，通过分析高校的文化建设情况，为促进高等教育管理能力的提升，强化管理与文化之间的融合，就校园环境下不同的文化内容与文化类型做出了深入探讨，对其进行细致的研究。

　　本书整个编写过程参阅了相关文献资料，在此，谨向所有帮助者深表谢意。由于水平有限，书中错误、疏漏和欠妥之处，恳请各位专家和广大读者批评指正。教育工作的展开需要与时代相结合，教育文化的建设、校园文化的构建都是教育的重要组成部分，鉴于此，教育工作也应该随着时代的变化不断地更新、优化。

目 录

第一章　高校高等教育管理的理论基础

第一节　高等教育管理的概念与本质

一、高等教育管理的基本概念

（一）管理的一般概念

管理一般是指在特定的环境下，对组织拥有的资源进行有效的计划、组织、领导和控制，以便完成既定的组织目标的过程。管理是人们依据社会发展的客观规律和在特定历史条件下对各种规律的表现方式进行有意识地调节社会系统内外的各种关系和资源，以便达到既定的系统目标的过程。前面的表述直接一些，比较简练直观；后面的表述比较宏观一些，从社会系统的角度和方法进行表述，其含义包括以下几个方面。

管理是为实现组织目标服务的，是一个有意识的、有目的的活动过程。管理是任何组织不可或缺的，但绝不是孤立存在的。只要有组织及其活动，就存在管理问题。就管理本身而言，管理不具有自己的目标，不存在为管理而管理，没有活动也就不存在管理问题，管理是依附于活动而存在的，组织活动的目标就是管理的目标，而管理是服务于组织目标的。

管理活动是通过一系列相互关联的资源要素进行的，管理工作就是要综合运用组织中的各种资源要素，通过计划、组织、控制等来实现组织目标，达到活动的目的效果，这就成为管理的基本职能。

从管理本身来讲，管理活动应该按照自己的规律进行，但现实管理活动中的资源并不是孤立存在的，管理工作是在一定环境条件下进行的，管理是一种社会活动，有效的管理必须充分考虑组织的特定环境。

一般管理理论是站在高层管理者的角度研究组织管理问题，在此基础上，现代管理理论的研究发展很快形成了许多管理的经典理论和理论体系。根据研究管理的对象不同，可分为广义的管理和狭义的管理。广义的管理可以是针对大自然中万事万物的管理；狭义的管理只是针对某项具体活动，以及这些活动中的资源进行的计划、组织、领导、控制。一般我们研究的管理是指狭义的管理，即组织管理、行为管理、活动管理。活动的结果，实际上是人的能动性的结果，管理的实质是人，是管理者与被管理者之间发生的矛盾的解决。既然这样，管理就是管理者、被管理者、事项三方形成的特定的活动。

对于管理的分类，现代管理一般可以从多个方面进行划分。一是从活动的规模与大小划分，可以分为宏观管理和微观管理；二是从具体活动的内容划分，可以分为综合管理和专项管理。另外，从管理的形式上划分，现代管理又可以分为紧密管理和松散管理。当然，这些划分只是相对的。

（二）管理的基本理论

管理的基本理论有很多，特别是随着现代社会的发展、人们认识水平的不断提高、社会活动的不断丰富，社会财富与利益驱动机制更加强烈，新的管理理论在创新、在发展。而系统管理理论、人本管理理论、目标管理理论、标准化管理理论、组织管理理论、模糊管理理论、混合管理理论等只是众多管理理论中的一部分，它们既是管理的理论，也是管理的思想和方法。

1. 系统管理理论

系统管理理论指出，管理的任务就是协调系统中的各个子系统以及系统要素，以保持系统的动态平衡，取得系统最佳运行效果。这种管理理论及其方法的核心是把管理作为一个整体的系统，是系统就要有系统要素，系统要素就是人、物、活动及其项目。这种管理理论和方法一般应用在大的军事战略、建设工程、大型活动（内容复杂、组织规模大、投入量大、长时间与长周期的活动）较为合适，当然，这些也只是相对的，因为大和小本身就是相对的。

2. 人本管理理论

人本管理理论和方法是以人为中心的管理。实际上，这种管理理论与方法是最难做好的，如果把握不好，就会出现偏颇。有效的人本管理实质是人的权力的利用和利益的分配，在这种过程中，既要尊重人，又要让人的潜能充分发挥，是一对很特殊的矛盾，有时候会存在一个两难的矛盾。以人为本的管理目的就是发掘人的最大潜能，这种潜能并不完全是指被管理者，也包括管理者，管理者的潜能是工作的积极性和表现出来的工作效益，被管理者的潜能是管理者的思想和艺术施加结果的体现，只有二者结合才能达到管理的最大效果。人本管理理论虽然是一个相对比较早的管理理论，但是在实践中成熟应用得并不是很多、很好。究其原因，传统的、单纯的人本管理理论十分强调管理的"人"这个素质，可以说，低素质的人是绝对运用不好人本管理理论的，一个管不好自己的人也是管理不好别人的，更不用说有效地运用人本管理理论。不过，现代的人本管理理论加入了一些新的元素，在人本管理中加入制度管理，人本管理和制度的结合，形成一种新的意义上的人本管理理论，可以说是现代人本管理理论的发展。

3. 目标管理理论

目标管理理论和方法是一种与利益相关联的刚性管理模式。这种管理理论和方法实际上是与价值理论密切相关的，甚至可以说是以价值理论为基础的，要有一个预先设置的价值目标，然后以这种价值目标的实现为核心而展开的管理活动。价值目标的认同是关键，是目标管理的前提。价值目标的确立也是十分重要的，价值目标必须通过全体成员认同，目标管理理论强调组织目标的制订要得到所有组织成员的认同，没有认同感的组织目标是不切实际的目标，是难以实现的。有人说目标管理只是注重结果，这是十分错误的，最新的目标管理理论不仅仅是注重管理活动的一头一尾，除了最先确定价值目标、最终对完成价值目标的检验结果外，还对过程实施严格监督，让目标按照既定的方向完成，既成事实不是目标管理的目的，而是要让管理者与被管理者通过共同的努力，一步一步向既定目标靠近。实现以价值目标为中心而组织的目标管理活动，是一种刚性的量化管理。目标管理理论除了注重价值目标外，具体的应用还有一个公平理论问题，这是由目标管理理论的刚性决定的。

4. 标准化管理理论

标准化管理理论和方法是在专业化管理的基础上，由管理者组织专家制定管理的标准，要通过一定的法律法规程序予以确定。标准化管理的思想十分明确，最朴素的道理就是"没有规矩不能成方圆"。标准化管理虽然是组织和专家行为，但标准并不是武断的和空穴来风，而是既要有权威性，又要有社会基础和群众基础，通过科学的过程来制定。在这一过程中有两个十分重要的环节，第一个是标准的制定，第二个环节是标准的执行。其中，第二个环节是标准化管理的要害，有时候甚至是成败的关键。在管理活动中，有了标准不好好地执行，或者执行起来走样，必将导致标准化管理的全面失败。当然，这不是标准化本身的问题，而是实施标准化管理的实践问题。

5. 组织管理理论

组织管理理论和方法的实质是最高决策层通过设置管理的各级组织，规定各级组织的职能，通过领导核心、组织授权、组织实施等进行的管理。组织管理的重点是组织结构的设计，关键是组织职能的授权。同时，也有人把它归结到组织的层级管理理论、组织的能级管理理论、组织的行为管理理论。组织管理理论要有严密的组织结构，有明确的组织目标和组织功能，还要有一套有效的组织运作机制，否则，再好的科学组织，再完善的组织功能，也不可能活起来，甚至导致组织管理活动无法有效地展开。

6. 模糊管理理论

模糊管理理论是一种现代的管理思想和方法，特别是在软管理方面，运用模糊数学的管理思想与技术进行管理。模糊管理是一种在高层次的人群中实施的行为管理，是一种软性管理。简单管理没有必要运用模糊管理，一般是在复杂的、庞大的、中长周期的、高智商的管理活动中实施模糊管理。

实际上，我们通常的组织活动中，特别是比较大的组织系统中，运用得比较多的是混合管理模式。混合管理是多种管理思想和方法的组合，在规模比较大的组织中，管理的内容比较复杂，多种活动项目的性质差距较大，运用某种方式进行全盘的统领往往是不可能的，这就需要运用混合管理的理论和方法来完成。

（三）高等教育管理概念

高等教育管理是根据高等教育的目的和发展规律，调配高等教育资源，调节高等教育系统内外的各种关系，进行有效的计划、组织、领导和控制，以便达到既定的高等教育系统目标的过程。这是通常给出的高等教育管理的定义。

从教育管理的层面上讲，高等教育是中等教育基础之上的教育，因此，它是指高等教育这一特殊的专业层面上的管理。

从管理的分类上讲，高等教育管理可以分为宏观高等教育管理和微观高等教育管理。

从管理的内容上讲，高等教育管理可以分为宏观高等教育管理中的战略规划管理、宏观调控管理，微观高等教育管理中的教育组织内部的具体的教育管理活动。

从定义分析，高等教育管理具有下述三层含义。

1. 高等教育管理的依据

高等教育管理的概念首先指明了高等教育管理活动的依据是高等教育的目的和发展规律。高等教育的目的是为社会提供各级各类的高级专门人才，各级各类高级专门人才的教育，是指在类别上为普通高等教育、成人高等教育，在性质上为公办高等教育、民办高等教育，在层次上为专科教育、本科教育、研究生教育。这些教育的目的和目标是管理的根本依据。高等教育受到学生身心发展的影响，通过德育、智育、体育、美育等过程，培养全面发展的人，只有把人作为社会关系的总和来看待，才能对人的发展有全面的理解。因此，各级各类教育过程都有自身的客观内在规律，只有正确认识它们的客观规律，才能实施科学的管理。高等教育必须受到一定社会的经济、政治、文化制约，并为一定的经济、政治、文化发展服务。因此，生产力和科学技术的发展水平，社会制度、文化传统都对高等教育活动产生制约；无论是国家宏观的高等教育发展政策的制定，还是高等学校培养人的过程，都必须遵循高等教育的目的和高等教育发展的客观规律，这也是高等教育管理的出发点。

2. 高等教育管理的任务

高等教育管理的概念指出了高等教育管理的任务，这就是有意识地调节高等教育系统内外各种关系和高等教育资源，以适应高等教育系统发展的客观规律。从一个国家或者地区来讲，高等教育系统是国家或者地区社会系统中的一个子系统；从高等教育组织系统来讲，高等学校也是社会的一个子系统。由于系统中存在着多种矛盾，高等教育管理的任务就是协调并最终解决系统中存在的矛盾。在高等教育管理中，要用系统论的眼光来设计高等教育的整体和各部分之间、要素与要素之间、学校系统与外部环境之间、学校系统内部的子系统之间的相互关系，树立整体的观念，并通过有效的管理实现系统要素间的整体优化。

3. 高等教育管理的目的

高等教育管理的概念还指明了高等教育管理的结果是不断促成高等教育系统目标的实现。高等教育管理的目的最终也只是高等教育目的的一种辅助性（工具性）目的。在高等教育系统中，培养人的目的是高等教育的根本目的，高等教育系统的一切工作（包括管理工作）都必须围绕这一目的展开，对高等教育系统中各种关系和资源的协调构成了高等教育管理的目的，它的目的是通过有效的管理，确保高等教育实质性目的的实现。因此，高等教育管理最终只能是手段。当然，由于高等教育管理有其自身的需要，其自身也有目的，如效率就是管理的目的之一，但它是通过有效的管理来保证高等教育目的的有效实现。

二、高等教育管理的本质

（一）高等教育管理的行为

1. 管理行为

管理活动中的行为具有其特殊的表现形式，它是管理过程和效果的具体体现，过程和效果反映了管理活动的基本特征，而要认识管理的这些过程及效果，必须首先分析管理行为，以及这些行为与效果之间的关系。

贫乏的管理，为完成工作和保持组织士气需要的最低限度的努力。这种主管对职工、对生产关心很不够，他只以最少的努力去完成应做的工作。这种管理是很少见的。

权威与服从管理，以几乎不考虑人的因素影响的方式安排工作，获取效率。领导只关心生产，他试图把人的因素降低到很小程度，以达到完成生产任务、提高效率的目的。

乡村俱乐部管理，周到地注意人们的需要而形成友善和舒畅的组织气氛并积极地推动工作进度。领导者非常注重职工的需要，注意建立良好的人际关系。这种领导认为，只要职工心情舒畅，生产就能搞好，因此，他试图通过创造良好的工作环境、良好的人际关系来提高工作效率。

协作管理，一种松散的管理模式，是以一种协作者的心态，工作由委任的人完成,他们因在组织目标上有共同利害关系而互相依赖、互相信任和尊重，并且相互协作。

2. 行为类型

在教育行政管理中，一些学者总结出管理的内容大致有两类：一类是创建组织机构的行为（为了实现组织的目标），另一类是体贴关心下属的行为。创建组织机构的行为是指领导者在描述自己与集体成员之间的关系时，致力于建立被充分限定的组织的类型、建立信息交流渠道、具体实施过程中的所作所为。这主要包括领导者为实现组织目标而与下属的各种相互作用，让下属了解自己的意图和态度；与下属一起实验或实施自己的新想法和新计划；

指定下属去完成某些特定的任务；对工作进行检查和评价；制定推行某些标准、制度和规范；促进下属之间的相互合作等。体贴关心下属的行为是指领导者在与下属的相互关系中表示友谊、相互信任和尊重、温暖、支持、帮助以及合作的行为。对下属表示理解与支持；愿意倾听下属的意见；关心下属的个人利益；尽量与下属讨论问题，让他们参与组织计划；平等公正地对待下属；乐意进行改革；及时实施下属的建议等。

（二）高等教育管理的本质

相对于其他社会系统，高等教育系统有独特的活动主体和活动目标，这就使高等教育管理同其他社会系统的管理区别开来，表现出特殊性。高等教育的总目标是：培养高级专门人才和发展科学技术文化并与社会经济发展的需要相适应。高等教育管理活动就是在总目标的指导下，把对高等教育系统的战略规划、资源调配通过制度和机制进行协调。高等教育管理的本质就是协调高等教育系统有限资源的投入与高效益实现高等教育总目标的矛盾。

无论高等教育有多么复杂，还是把高等教育系统分解为怎样的子系统，高等教育系统都必然要求各子系统在目标上协调一致。不仅要求每个子系统的目标与整体目标协调一致，也要求每个子系统的目标与自己内部的组织成员的个体目标相互协调。更重要的是，每个子系统的目标与实现这些目标的条件之间需要相互协调，这就形成了管理活动的整体性和普遍性，即每个子系统都需要协调。高等教育系统内部的等级层次性导致了高等教育管理活动也具有层次性，这就形成了一个多层的、多级的、专门的分系统，即集合成高等教育的管理系统。协调就是蕴含于各个子系统之间，对各个子系统的目标设计、资源筹集和分配，分析系统的活动信息，即通过政策、制度和一些技术手段等协调系统成员的活动，达到系统设计的目标。从事这些专门活动的管理人员（或称管理者）的活动构成的有机整体就是管理系统。

管理活动的普遍性（指管理活动作为人类活动的一个重要方面）普遍存在于构成的各种组织机构中。专门管理者的出现体现出社会系统在结构层次上的性质，表明个人在社会系统中具有的不同位置、作用和性质。管理活动中人是管理的主体，权力是管理系统赖以存在的基础，权力对人的活动的约束性使人们按一定的方式组织起来，以便实现系统的整体目标，也在一定程度上体现了权力在协调中的作用。协调（或称调节）是指调整或改善高等学校与校外，以及校内各部门或成员之间、上下左右各方面的关系。就一个国家和地区来讲，把高等教育放到社会的大背景中，政府对高等教育的协调是使高等教育的层次、规模、结构、水平、质量、效益的协调发展，与社会的政治、经济、文化的发展相适应，如果不相适应，就必须进行协调。就高等教育的组织——学校来说，它是高等教育系统中的子系统，学校组织的类型因区域、体制、机制、管理者等出现差异，存在着的矛盾是多种多样的，有总体目标与部分目标之间的、长期规划与近期打算之间的、整体利益与部门利益之间的、组织利益与个人利益之间的矛盾，这些矛盾如果不加以协调和解决，就会影响高等教育系统的运行和发展，以及高等教育效益的最优化。

第二节　高等教育管理的属性与特点

一、高等教育管理的属性

（一）自然属性与社会属性

高等教育管理的自然属性主要表现在普遍性方面。高等教育的管理是一种社会活动，社会活动的有序进行就需要进行管理，因此，高等教育管理是社会活动中普遍存在的一种管理现象。不论哪个国家，哪个历史时期，只要存在高等教育活动，就存在各种培养高级专门人才的活动（包括专业设置、培养目标、课程设计、教学过程、教学方法、教学手段等），就有进行管理的必要。在当今社会中，高等教育已经成为一种国家和民众的普遍需求，特别是在高等教育大众化的时代，高等教育管理已经成为一种普遍的专业管理。高等教育管理的共性方面，即高等教育管理在各个历史发展时期都具有明显的共同点，这些共同点不因国家的政治、经济、文化等差异而有所变化，也不因历史时期的变化而消失。

高等教育管理的社会属性具有历史文化的继承性，即在人类创造历史的过程中，由于社会及自然环境不同所形成的各种地域文化，在高等教育管理活动中留下深深的烙印。这些烙印在高等教育管理思想上，表现为不能超越一定的社会文化形态以及人们的社会心理状态，并且在具有同源文化的国家和地区，在高等教育管理思想和管理哲学上具有很大的相似性，而非同源文化中产生的高等教育管理思想和管理哲学就存在明显的差异。自然属性与社会属性是高等教育管理活动本身具有的两种属性，两者处于矛盾统一体之中。高等教育管理的两个目标规定了高等教育管理的两种属性是一对相对统一的矛盾，具体表现在维持系统整体特性功能目标应具有的稳定性与高等教育管理追求最大"结合力"，要求改变系统结构而产生不稳定性之间的矛盾，此两者之间的矛盾运动，使高等教育管理不断得到改善。同时，高等教育管理的两种属性又统一于高等教育管理计划、组织、领导和控制等管理环节上，根本上统一于高等教育管理的效益上。没有社会属性，没有维持系统整体特性的功能目标，就不会有产生最大"结合力"的需要，高等教育管理的自然属性就失去了存在的基础而无从实现其自身价值。我们把高等教育系统内成员的个人目标整合成系统整体特性的功能目标，目的在于把分散的、具有一定功能行为的个体结合起来，实现系统功能的"放大"，而离开了自然属性，高等教育管理的社会属性也不可能体现出来，其社会价值目标也不可能实现。

（二）封闭性与开放性

高等教育管理的封闭性，是指在高等教育管理过程中，根据高等教育管理的特殊矛盾而在高等教育系统内部自我运转和良性循环的性能；高等教育管理的开放性，是指在高等教育管理过程中，根据高等教育管理的特殊矛盾而在高等教育系统与外界环境相互关系中，实现物质、能量、信息交换的性能。就高等教育管理的封闭性而言，在高等教育系统内，无论进行什么高等教育管理工作，一个首要的前提就是在一个相对独立、完整的高等教育系统内部，按照高等教育系统的特定目标而进行优化组合，即在高等教育系统的"投入—加工—产出"的过程中构成一个相对封闭的系统。如果没有相对的封闭性，高等教育系统就没有相对稳定的环境，任何对高等教育系统的分析及高等教育管理活动过程都不可能按照自己的独特方式运行。这种相对封闭性是一种客观的存在，是更好地进行高等教育管理的必然要求。当然，完全封闭的高等教育系统是不存在的，因为完全封闭意味着与环境不进行任何物质、能量、信息的交换，这样的高等教育系统必然会逐渐消亡。这就是我们所说的高等教育系统和高等教育管理既具有封闭性，又具有相对性。现代社会中，任何一个系统都不可能是封闭的，封闭是相对的。就高等教育管理的开放性而言，高等教育系统受外界环境的制约和影响，只有开放才能获取更多的信息资源和物资资源，才能进入社会大系统循环，接受洗礼，成长壮大。纵观我国高等教育的改革与发展，我国高等教育管理的现代化进程的不断加快离不开改革开放，我国高等教育管理的很多思想与观念就是通过改革开放受到启发，很多技术与方法就是在国际高等教育的大背景下开发、形成的，现代高等教育管理的进程没有国际化的开放是不行的。没有开放性就没有中国高等教育的大发展，就没有中国高等教育管理的成熟和成长。

无论是高等教育管理的封闭性，还是高等教育管理的开放性，其目的都是使高等教育系统的生存和健康发展得到保证，具体地表现在统一于高等教育管理的诸环节上，如通过高等教育计划，在解决高等教育系统与环境矛盾过程中使封闭性与开放性统一起来；通过高等教育组织、领导，在解决高等教育系统内系统与系统、系统与个人矛盾过程中使封闭性和开放性统一起来；通过高等教育控制，在解决高等教育系统既定目的与实施过程中偏离目的的矛盾中使封闭性和开放性统一起来。

高等教育管理的自然属性与社会属性的两重性是我们要充分认识的。两重性规律以高等教育系统中一切有目的的活动为基础，自然属性和社会属性、封闭性和开放性是高等教育管理固有的。因此，高等教育管理的自然属性及其客观性规律，无论在对高等教育管理的认识上，还是在高等教育管理的具体活动中，都是必须遵循的。高等教育管理活动中的两重性规律揭示的是高等教育管理固有的自然属性和社会属性、封闭性和开放性及其相互联系，这种联系是由高等教育管理的"整体功能"和"结合力功能"两个目标的矛盾运动规定的。事实上，两重性从整体上反映了高等教育管理的特殊矛盾。因此，管理属性要素之间的联系是本质的和必然的。

总之，我们研究高等教育管理的自然属性与社会属性、封闭性与开放性，以及它们的规律在高等教育管理过程中是共同存在、相对稳定的，是高等教育管理本质的反映，是高等教育管理的基本规律。

二、高等教育管理的特点

如果了解了高等教育管理的特点，我们就能遵循它的本质规律，有针对性地协调管理活动中的各种矛盾，清醒地驾驭各种管理活动。

（一）高等教育管理目标的特殊性

高等教育系统目标的特殊性决定了高等教育管理目标的特殊性。高等教育系统的主要目标是根据高等教育的功能来确定的，因此，对管理的功能与目标相应地提出了它的特定要求。高等教育管理的功能就是要通过计划、组织、协调、控制等使高等教育更加符合社会发展的要求，符合社会生产力的要求，这种要求表现在教育的层次、结构、规模、质量等方面的目标上。另外，在微观方面，高等教育管理要使组织中的每个成员按高等教育规律办事，更好地完成既定的目标。高等教育系统的目标是根据高等教育规律和社会发展对高等教育的需求来制定的，因此，高等教育系统的协调活动应该以高等教育的规律为指导，而不能简单地照抄企业管理中的某些方式方法。从这个意义上说，高等教育的微观管理是以更好地培养人才并且着眼于提高人才的质量为根本目标的管理活动，它不能也无法以只追求经济效益（更不能以只追求利润为目的）为目标。与行政管理、企业管理等其他管理不同的是，如何将社会效益和经济效益有机地结合，纳入高等教育管理的目标，正确地处理好社会效益与经济效益的关系，是高等教育管理工作者值得研究的，而这正反映了高等教育管理目标的特殊性。

高等教育管理具有两个最基本的目标功能：一是尽其所能地将系统内的各种关系和资源凝聚起来，形成一个整体，这就是管理的"维系"功能；二是最大限度地围绕系统的整体目标，发挥要素的主动性、积极性，更好地实现高等教育系统的整体目标，这就是管理的"结合"功能或"放大"功能。高等教育系统是由有关教育行政机关和各级各类高等学校组成的系统，其结构与功能与其他社会系统有所不同。高等教育在同其他社会系统进行物质、能量和信息交换的过程中，在为社会提供精神产品的同时，也提供物质产品，这种物质产品表现在劳动力、科学技术成果、现代文明与文化产品方面，也可能形成工业产品。高等教育系统是最具创造力的社会系统，通过各成员、各要素主观能动性的发挥，可以最大限度地实现"系统大于部分功能之和的效果"。但反过来，如果教育者及教育资源中的人的主观能动性发挥不好，这比其他任何社会系统都更有可能制约生产力的发展。因此，高等教育管理者要充分认识到这两大功能的特殊性，并注意将二者有机地结合起来，用凝聚力推进整体的结合力，用系统的发展加强整体的凝聚力。

（二）高等教育管理资源的特殊性

不论是宏观高等教育管理，还是微观高等教育管理，高等教育管理资源要素的特殊性都表现在以下三个方面。第一，高等教育管理资源是由一群高级知识分子组成的特殊的群体，组织及其成员的特殊性构成了要素的特殊性。从高等学校管理的主体和客体（管理者和管理对象）两个方面看，组成高等教育系统的主体要素之一是教师，是创造和掌握专门知识的群体。因此，对他们的管理要符合这一群体的心理活动和以个人脑力劳动为主的集体性活动的特征。另一个高等教育系统的主体要素之一是学生，是一群 18 岁以上、受过完全中等教育的青年，对他们的管理和协调方式要符合他们身心发展阶段的特殊性。正是由于高等教育系统组成人员的特殊性，管理中存在着一种特殊的管理现象，这种现象强调和要求自我管理。应该说，自我管理是任何管理中都存在的一种现象，但是，在高等教育管理中，自我管理尤为重要，它是一种身心和智力发展的自我管理，学生需要学到或养成自我管理、自我组织、自我发展的能力。学生的心理特征也表明，在教育过程中，完全有必要让其发挥自我组织管理的能力，这样才能更好地促进发展。因此，管理对象是高等教育管理要素最重要的特点。第二，教育投资与经费管理是一项复杂的工作，因为它的用途是复杂的，有时候不能用绝对的量化管理来处理，有时候投入产出不能短期内就见到成效，经济回报率可能很低。这就是高等教育经费管理有别于企业管理、行政管理、经济管理等的特殊性。第三，教学与科研的物资设备的管理特殊性，表现在这类资源不完全是生产性资源，这些物资设备是建立在教学科研功能基础上的，是为了完成教育教学实验实习、科学研究开发等，它不仅仅是一套设备，还可能是一个教学实验和科学研究的基本平台。

教育是一种事业投资，但是它又不仅是纯粹的事业投资，因为它的投资对象决定了教育不可能是完全的事业投资，事业投资的对象主要是公共事业，公共事业是针对大众的，基本上所有民众都可以享受到。而高等教育的对象群体不是单纯地享受公共事业的群体，毕竟当高等教育还没有达到普及化程度的时候，高等教育就不可能是一种完全的事业行为，虽然高等教育的结果是回报了社会，但受教育者只是整个社会群体中的一部分。那么，为什么不能普及高等教育？这是由高等教育资源的有限性决定的，这些资源又受到整个社会政治、经济发展的制约。因此，从一个方面讲，高等教育的投入来自政府、学生家长、学校自身和社会的多方融资，构成了投资的特殊性，也决定了高等教育资源的特殊性。高等教育财力资源不是自然资源，也不是通过生产方式就可以生产制造出来的，而是长时间打造和培育出来的，是随着社会的发展与需求逐步形成的。在满足了人的再生产以及需要的物质再生产以后，社会能用于教育的资源就很有限了，难以满足社会和个人对教育的需求，这也是教育管理中的一对特殊矛盾。因此，如何获得更多的教育资源，如何有效地使用稀少的教育资源，就成为社会领域和教育领域共同关心的问题。高等教育资源投资的特殊性构成高等教育管理资源的特殊性。

（三）高等教育管理活动的特殊性

从宏观高等教育管理来看，高等教育事业具有很强的战略性、前瞻性。高等教育管理活动整体的发展规划关乎长远的社会民生问题，需要许多专家共同完成，活动的内容涉及民族文化、区域经济、人口发展、科学技术水平、社会环境等。从微观高等教育管理来看，高等教育管理活动的特殊性体现在高等教育组织管理的活动中，最主要的表现特点之一就是要协调学术目标与其他目标之间的矛盾。学术目标是一种高智力投入和高智力劳动的追求，除了个体的高智力劳动外，还强调高智力劳动的结合、高智力劳动者的团结协作。

高等教育系统的主导性活动是传授知识、创造知识，高等教育所培养的各类专门人才和高等学校所提供的各种科技成果主要是通过学术水平与应用价值的高低来衡量的，管理活动的学术性十分强，而这种学术性不可以用一般行政性的方法进行管理。因此，学术目标的组织、协调、实现等是高等教育管理活动中的特殊矛盾，这就要求高等教育管理活动重视学术这一特殊目标，使这一特殊的管理目标符合学术目标。高等教育组织中的教学活动是教与学的双边关系，高校师生是一个特殊的群体，在完成教学目标和管理目标的过程中，师生参与具体的教学管理活动，达到双边认知认同，因此教学民主显得十分重要。大学教职工是高等教育系统中能动的力量，是实现高等教育管理目标的智慧源泉，要发挥他们的智慧和力量。

三、高等教育管理中的矛盾分析

（一）集权与分权

协调中的矛盾焦点之一就是权力，权力和利益是协调中的核心问题。是集权还是分权，是一个很复杂的问题。从国家层面来讲，高等教育管理中的集权是指由国家统一管理高等教育，把高等教育的管理权力集中在中央的一种管理模式，它起着缩小下级高等教育权力机关权限的作用，是进行统一管理、统一指挥的主要手段。高等教育集权的范围很广泛，如计划、招生、学位、毕业、经费、分配、人事、外事等，其途径一般是规定下级组织裁决问题范围的一般标准。分权就是分散权力，是指高等教育的上级管理部门将某些范围的权力下放给下级管理部门，使下级管理部门具有更大决策和管理的自主权。我国高等教育的集权和分权主要涉及两个关系，即中央和地方的关系、政府与学校的关系。

1. 集权和分权各有利弊

集权的优点是可以在一定程度上保证决策的权威性。实行高等教育管理集权可以根据国家和社会发展的需要对全国高等教育实行统一规划，统一领导，以保证高等教育与国家政策、社会政治经济环境的协调发展，满足国家对高等教育的需求。其缺点是不能灵活适应多变的社会环境，不能很好地调动地方、部门办学的积极性，也不能激发高校办学的积极性和主动性。分权的优点是可以使高等教育管理的上级部门减轻工作负担，使其从具体事务的包围中解放出来，而更专心地从事统率全局的工作，可以使高等教育组织系统的各级部门都负有一定责任，不会使其感到无所作为，从而发挥其办学的积极性和主动性。其缺点是容易出现宏观失控、学校不规范办学等情况，影响办学效益和教育质量。因此，在高等教育管理过程中，要从管理的体制上把握好集权和分权的度。集权和分权都应遵循国家宏观调控下学校自主办学的原则，使之在不断地相互补充中发挥作用。同时，为了让责权分明，必须通过法律的手段予以确定，执行起来做到有法可依。

2. 集权和分权的转化

集权和分权的转化有两种形式。一种是被动转化，即在过度集权的管理或过度分权的管理有碍高等教育管理活动的情况下，由过度集权向分权或由过度分权向集权转化。目前，世界许多国家的高等教育管理存在着这种转化的趋势。另一种是主动转化，即在出现管理体制可能有碍于管理实践发展的问题之前就注意调整集权与分权的关系，在动态中把握两者变化的度，以消除两者不平衡造成的损失，从而保证整个高等教育系统健康、协调地发展。但从集权和分权的关系来看，两者的平衡或适度、不平衡或过度现象是经常交替出现。由于高等教育管理活动的复杂性，集权和分权的度很难十分恰当地把握，两者的地位也会不断转化，有时矛盾的一个方面表现十分突出，矛盾的另一个方面又有所上升。中华人民共和国成立以来，高等教育领导和管理体制的改革发展历程充分说明了这一点。

我国高等教育管理体制演变和总趋势是分散—集中—适度分散，而这种演变或转化是否是一种被动的转化是值得研究的，这种转化给我国高等教育事业的发展带来过许多问题。因此，集权和分权转化的最佳选择应是主动地控制它们的转化，在动态中调节以求适度平衡。同时，在实施的过程中要注意防止走极端，我们强调的是调整的"度"，而不是笼统、简单的集权或分权，集权和分权都是必需的，两者要相互补充、相互协调。

（二）个人与组织

高等教育系统是以人为主体构成的社会系统，这个系统中的个人是指在高等教育活动中具有自己的意志、利益和行为的人，这些个人包括高等教育的行政管理人员、教师、学生、教辅人员、服务人员等，他们首先是以个人的形式存在于高等教育系统中，其中每个人都有自己的思想和感情，都有自己的需要和利益，都有自己的行为和活动。在高等教育管理活动中，这些个人可以划分为管理者与被管理者。这种划分是相对的，因为每个人在高等教育管理中的身份可能是双重的，既可能是管理者，又可能是被管理者，这是由管理的层次决定的，每个人虽有差别，但都是组织中的成员，不能离开一定的组织存在。高等教育系统中的组织是由具有共同的高等教育目标和相互协作关系的若干个人结合而成的一个实体，它既可能是一个行政组织，也可能是一个学术组织。共同的高等教育目标使得具体的教师、学生、管理人员等个人结合在一起，而具体的教师、学生、管理人员等个人的相互协作又为高等教育目标最大限度的实现提供了保证。在高等教育管理中，个人和组织既有对立的一面，又有统一的一面，两者构成的矛盾从本质上说是利益与责任、需要与满足需要在高等教育管理活动中的反映。

个人和组织对立的一面主要反映在以下两个方面。第一，组织利益高于个人利益。个人利益不等同于组织利益，组织利益是个人利益的总括和集中表现，高于个人利益。在高等教育系统中，每个高等教育组织的利益最终都要通过高质量地出人才、出成果和为社会服务来体现，而每个人的利益则可能千差万别，其中既有与组织利益一致的，也有与组织利益不一致甚至矛盾的。第二，高等教育组织的功能是组织内所有个人功能变化了的一种新的功能。高等教育组织通过其内在的结构和活动可以产生个人分散活动不能产生的新结果，仅就培养一个人而言，它是通过许多教师的辛勤教育，以及许多管理者的活动、许多服务人员的努力劳动、学生个人的勤奋学习实现的。不同的个人为满足各自的需要而进行协作，在各有差别的个人利益基础上，建立起代表成员利益的组织整体利益，于是个人利益就同组织利益紧密联系在了一起。当整体利益实现的时候，为实现这个整体利益做出贡献的个人利益也得到满足。总之，在高等教育管理活动中，要兼顾组织利益和个人利益，把两者很好地结合起来，相得益彰，促进高等教育系统的健康发展。

（三）稳定与改革

稳定标志着高等教育管理活动的相对常态，是由高等教育系统运行相对稳定性决定的。高等教育系统的相对稳定性使高等教育系统在一定程度上依赖于自身的规律，按照自身内在的逻辑发展表现出的相对稳定性。例如，高等教育管理的目标、模式、原则等需要具有相对稳定性，否则，高等教育管理活动就无法正常进行，也无法对管理要素和管理过程进行研究。但高等教育管理活动的相对稳定是有条件的、暂时的。首先，当我们说某些要素处于稳定状态时，只是相对于一定的管理系统和时间、地点、空间而言。其次，稳定包含着高等教育管理活动中的量变。当高等教育管理过程中某一阶段或某一体制没有发生质变而仍保持其自身的性质时，我们说其是相对稳定的。但它们在性质不变的情况下仍有量的变化。在我国高等教育管理体制由高度集中的计划管理体制向以市场为导向的管理体制发生变化之前，虽然其内部在发生各种变化，但我们仍可以说这种体制是相对稳定的。

改革标志着高等教育管理活动中的质变，其实质可以看作对未来的反映，它是由高等教育系统的开放性决定的。高等教育系统的开放性决定了高等教育管理活动要不断地适应外界的变化，包括根据外界环境的变化制定新目标、新政策，转变原有的管理模式和管理体制，赋予过去的教育以新的职能等。例如，随着高校职能由教学、科研向社会服务的延伸，高校管理的范畴也将延伸。不仅要进行教学、科研管理，还要对高校的社会服务活动进行管理，包括对科学技术成果及产品的推广、多种咨询服务及相关产业活动等管理。这就使得管理活动的内容发生了部分质的变化。因为，科技成果推广、产业活动管理，无论在内容上，还是形式上，都与教学截然不同。随着我国经济体制由计划经济体制向社会主义市场经济体制转变，高等教育管理体制也正经历着由高度集中统一、以行政手段直接干预的管理体制向统一领导、分级管理、以宏观调控手段间接干预为主的管理体制转变。这是高等教育管理体制为适应经济体制的变化而进行的改革，是高等教育管理体制的一种根本性变化。

在高等教育管理中，稳定和改革是辩证统一的。首先，稳定和改革相互包含、相互渗透。高等教育管理体制的改革标志着管理体制全面的、根本性的变化。在发生这种变化之前，管理活动虽然处于一个相当稳定的状态，但局部的改革总是经常不断的。高等教育管理过程的稳定性标志着人们对高等教育管理活动中计划、组织、协调、控制过程的充分认识和把握，但在任何一个具体的管理过程中，改革无时不在进行，如调整目标、变化组织、改变领导方式等。同时，每个过程的实施意味着对其他过程的改革，如控制过程对计划过程的反馈、修正，这实际上也是一种改革。改革本身就是动态管理的基本特征，要根据客观条件的变化，及时改革一切不适应系统发展的弊端。因此，稳定中有改革的因素。但是，改革中有稳定的因素，改革本身也是一个过程，有一定的步骤和阶段。改革中推行的政策、体制、模式，采取的措施都需要一定的稳定，以便于观察、评价，最终形成新的稳定状态。其次，稳定和改革具有相互转化的趋势。高等教育管理体制及过程的相对稳定使整个高等教育管理活动在一定时期保持着相对平稳的状态，高等教育系统按其内在发展逻辑运转，但并不是说高等教育系统会按照惯性永久地、持续地、自发地运转下去。

第二章　高等教育管理课程改革体制

第一节　课程管理体制改革目标及价值取向

课程是人才培养目标实现的具体化，课程管理的最终目标能否实现会落实到人才培养的质量上。因此，我国高校课程管理制度改革应坚持以人才培养质量为中心、以学生为本、实现多元主体利益诉求的价值取向，进而实现课程设置目标明晰、管理过程规范、多元协同管理的目标。

一、高校课程管理制度改革的目标选择

要实现人才培养目标的使命，课程管理制度改革是关键。而课程管理制度改革的目标选择，则是保证制度改革成效的具体目标定位。科学合理地选择目标定位，既是实现最终价值的重要中间过程，也是课程管理制度改革顺利开展、人才培养目标实现的关键因素。

（一）课程设置与人才培养目标相适应

高校课程管理制度改革最终服务于人才培养目标的实现。通过高校课程管理制度改革，明确课程设置，实现人才培养目标。

1. 学科的融合与交叉

创新人才培养的前提条件是不同学科之间的融合与交叉，不仅是创新人才培养的重要途径，而且是新知识发展的有效方式。高校应依据自身办学特色及学生兴趣设置课程，以此与人才培养目标相适应，满足人才培养需求。课程设置需要打破原有的"条块分割"模式，以学科群定专业代替以专业定

学科群，使课程知识结构更具结构化和创新化，更容易与学生认知结构体系相关联，有助于培养学生的创新思维与价值理念。

2. 高校应以通识教育为基础

随着社会经济发展，高校课程设置与人才培养目标不相匹配的特征凸显，影响人才培养目标的实现。为此，高校应将专业与通识相结合、理论与应用相结合、科学与人文相结合、基础与前沿相结合，能突破学科之间、专业之间的界限，拓宽专业设置口径，形成综合化的课程结构体系，进一步加强专业调整，完善专业调整机制。这样既能深化专业知识，又能丰富课程内容，为实现人才培养目标打下坚实的基础。

（二）完善课程实施过程的支持体系

创新人才的培养应渗透课程实施的全过程，而不应游离于课程实施之外。以学生为本的课程管理制度改革应遵循现有的教学规律和学生的发展规律。

1. 构建以学生为本的课程教学创新体系

在课程实施过程中，把以教师为中心、以灌输式教学为主的课程教学模式转变为以学生为本、以参与互动式教学为主的课程教学模式，给予学生一定的参与权，激发学生学习的积极性，使学生能够畅所欲言，积极思考，促进学生发展。

2. 完善的教学资源支持体系

课程实施的顺利开展，在以学生为本的理念指引下，通过高校课程管理制度改革，整合教学资源，使教学融入科研，形成教学与科研资源的共享平台，促进人才培养。

当然，要实现创新人才培养目标，课程实施效果是基础。需建立课程评价制度体系，对教师教学效果与学生学习成果进行评价，让学生也参与到课程评价中，以此提升教师课程教学水平，实现人才培养目标。

（三）实现多元主体的管理目标协同

1. 政府的利益诉求需要通过自身参与高校课程管理制度改革实现

随着社会市场经济的发展，政府的作用与职能日益显著。政府出资办学是高校发展的主要动力，对高校的课程质量具有间接影响。政府通过参与高校课程管理制度改革，转变自身的角色定位和职能，成为课程管理的"掌舵者"，制定课程管理的宏观政策，实现人才培养目标，以此获得宏观效益。

2. 高校发展离不开教育资源的支撑

伴随着市场经济的转型，高校逐渐拥有了办学自主权，可以自主进行课程管理。因此，高校通过课程管理制度改革，对课程资源加以整合和优化，充分利用和调动一切教学资源，制订科学的教学计划，并推行完全学分制和弹性选课制，确保课程的多样化和丰富化，满足不同层次人才培养的需求，实现人才培养目标，促进高校自身发展。

3. 为学生提供利益表达渠道

学生是学校培养的对象，是学校的最终"产品"，因此，学生的特殊身份，使其成为高校课程教学中重要的利益主体。高校应重视学生能力的培养，如让学生参与高校人才培养方案制订、教学内容选择、课程教学过程，使学生充分表达自己的想法和见解，发挥学生的主体作用。

高校教师是课程教学的主体，对高校课程和学生的需求最为了解，是人才培养模式设计不可或缺的利益主体，因此高校应给予教师充足的课程权利，让他们参与课程方案制订、课程教学实施以及课程评价等，提升教师课程教学水平，促进教师和学生共同发展。

4. 社会力量也成了课程管理的利益主体之一

随着高校逐渐拥有办学自主权，开始面向社会开放办学，这将要求高校课程管理制度改革顺应社会发展，满足社会发展的需求。通过课程管理制度改革，让社会力量切实参与课程编制、课程评价、监督等过程，及时为制度改革提供反馈意见，促进课程发展，实现人才培养目标，满足社会发展所需。

二、高校课程管理制度改革的价值取向

高校课程管理是高校教学运行的核心，而高校课程管理制度改革的价值取向则是高校教学运行机制的方向和灵魂。不同历史阶段，高校课程管理制度改革的价值取向有所不同。随着计划经济向市场经济转型，传统的价值取向已不能适应社会经济发展，也不符合课程改革目标。

社会市场经济发展对高校课程管理制度改革的价值取向提出了新的要求，即要求高校课程管理制度改革倡导"以学生为中心"的管理理念，提升人才培养质量，并实现多元利益主体参与的目的。

（一）提高人才培养质量

人才培养既是高等教育职能之一，也是高等教育的主要任务。从本质上来看，人才培养质量能具体体现高等教育质量的优劣程度。提高人才培养质量，不但需要改观人才培养理念，培养学生的创新精神，而且需要改革课程教学方式，提高学生的实践能力，促进创新人才培养。然而，无论是人才培养理念的改观，还是课程教学方式的改革，都需要通过高校课程管理制度改革得以实现。一般而言，高校课程管理制度改革是提高人才培养质量的重要途径，是教育理念转化为教学实践的运作范式。

1. 需从理念入手

高校应树立先进的理念，引领高校人才培养，把提高人才培养质量放到首位，坚持质量至上、内涵发展的质量观，围绕"培养具有实践能力、创新能力和动手能力的高素质应用型人才"的目标，以提升课程教学质量为基准，建立课程教学质量监控体系，健全课程教学评价机制，使人才培养过程更加规范化和科学化，保障人才培养质量。

2. 需从实践着手

学校应以"培养具有较强的创新意识，良好的人文、科学素质以及较强的独立学习能力的人才"作为培养目标，转变传统课程教学方式，探索新的课程教学方式。在课程教学过程中，将机械式、被动式的"传授—接受"传

统教学方式，转变为课程研讨式、案例分析式的"问题—发现"创新型教学方式，激发学生学习的创造力，培养学生的思维能力。

学校应以强化学生的实践能力和创新能力作为培养目标，进行课程实践教学。例如，通过创建实践教学的良好环境，完善实践环节的教学体系，鼓励学生参加各种实践活动，提高学生的实际操作能力。

学校应通过构建专业课程与通识课程相结合、课内与课外相结合、人文素质与科学素质相互渗透的教学体系，使课程体系趋于综合化和多元化，从而为学生提供多样化选择，促进学生个性化发展及创新能力的提升，保证创新人才培养目标的达成。

（二）以学生发展为本

理论上，高校课程管理是"以学生发展为本"的实践活动，其中，学生既是课程作用的客体，也是课程建设的主体，理应在课程管理过程中扮演重要角色。因此，课程教学实践活动需要制度加以规范，以学生发展为本，既是课程管理制度的出发点，也是课程管理制度的归宿点，以此实现学生发展。

1. 尊重学生的个性化需求，创建以学生发展为本的课程教学体制

（1）改革课程教学模式

以学生发展为本，把学生看作教学活动的主体，通过开展启发互动式课程教学模式，让每个学生都参与到课程教学活动中，充分调动学生学习的主动性。

启发互动式课程教学模式实质上是在教师的正确引导和启发下，学生自主创设学习情境，自己提出问题、探索问题、研究问题，最终寻求结论。教师在进行课程教学时，应以学生为本，充分考虑学生的感受，并为学生提供自由发表见解的机会，给予学生充足的学习空间，促进学生自由发展。通过开展启发互动式课程教学模式，打破了"一言堂"的传统课程教学模式，鼓励学生参与课程教学，提高学生主体地位，促进学生自主学习、自主思考能力提升。

（2）创新课程教学内容

课程内容创新是培养创新人才的基本要素，通过课程内容创新，使课程以标新立异的姿态展现在学生面前，促进学生创造力的发展。当然，教师自身应具备较高的审美和创新思维水平，能站在学生的角度与立场实施教学，满足学生不同的个性需求，促进学生个性化发展。

2. 创建为学生服务的有效机制

（1）把以学生发展为本的理念融入课程管理全过程

一是课程决策方面。一般而言，高校课程决策是一个民主开放、自下而上的决策过程，其不仅包括高校行政管理人员和教师，还涉及学生的参与和互动。如果课程决策缺乏民主性，导致学生无法参与，那么校本课程开发工作就会阻碍学生发展。因此，应创造机会让学生参与课程决策，体现学生的主体地位，激发学生的学习热情，促进学生发展。

二是课程实施方面。课程实施的前提是课程实施方案的制订，而制订课程实施方案除了需要遵照课程文件有关规定外，还需要依据学生的身心发展特点。同时，在教学实施过程中，教师的教学着眼点要放在促进学生发展上，并把教学主动权分给学生，促使学生发挥主观能动性。

三是课程评价方面。学生是课程的实践者与体验者，对高校课程有不同的感受，能对课程做出客观评价。因此，在课程评价方面应把学生视为评价主体，引导学生对课程进行自主评价，形成以学生为本的评价机制。这样，既调动了学生学习的积极性，促进学生发展，也使课程评价功能得以实现。

（2）人才培养是高校有关人员参与课程管理运行的系统工程

在高校课程管理过程中，每个成员都应秉持以学生发展为本的教育理念，为学生服务。

一是高校行政管理人员在课程管理制度制定上，应消除"自上而下"的管理理念，保障学生课程权利，满足学生发展的需求。

二是高校教师在课程教学设计上，应根据学生多元化和个性化需求，设计不同的模块化课程教学方案，为学生实现个性化发展服务。此外，其他人员在提供课程教学资源上，也应以为学生服务为前提，从实践出发有效引导和整合教学资源，把有助于学生发展的教学成果引入课程管理，实现课程教学资源多元化。

（三）实现多元主体的利益诉求

就实践方面而言，课程不仅是高等教育活动的核心，也是高校课程教学的基本单元，直接影响人才培养质量。随着高等教育大众化发展，人才培养质量问题引起了教育界及社会人士的广泛关注，并期望通过课程管理制度改革提升人才培养质量。课程管理制度改革是否有效将会决定人才培养目标的实现程度，进一步影响多元主体的利益诉求。

1. 实现政府政治与经济价值的利益诉求

我国高校主要由政府出资办学，政府不仅是主要出资人，而且是高校办学的监督者和管理者，政府希望高校能履行职责，以满足自己的利益诉求。

一方面，政治利益诉求，即通过高校培养高层次人才，促进政治社会化的实现，进一步推动国家民主政治的发展。另一方面，经济利益诉求，即通过与高校、社会的互动与合作，促进区域经济的发展，提升劳动者的综合素质，提高工作效率，进一步开发服务技术，培养所需的高端技能型人才。

2. 实现高校教职员工自身价值的利益诉求

对管理者而言，校长、院长、系主任以及其他教学管理人员是课程教学管理的组织者和服务者，在课程管理过程中起到组织、领导和协调作用。他们希望用较少的课程资源和较低的教学成本，实现高水准的教学质量和课程质量，提升人才培养质量。

对教师而言，教师是教育产品的生产者和创造者，直接影响人才培养质量，因此，教师是最核心的利益诉求者。他们希望可以参与课程管理，给予其应有的社会地位和人格尊重，并以身作则完成教书育人使命，得到组织对其课程教学能力和成果的认可，实现个人自身价值。

3. 实现学生人力资本增值的利益诉求

学生是高校存在的主要原因，无论是课程教学质量提升，还是人才培养目标实现，学生都具有实质上的合法性。他们希望有权利参与课程管理，获得所需的知识和技能，提高综合素质和就业能力，满足自身发展需求，从而实现个人资本增值。

4. 企业等社会力量投资回报的利益诉求

企业等社会力量是课程教学和科学研究的主要合作者与支持者，企业期望高校能为其提供高素质人才，正如知识生产的溢出效应一样，对企业发展起到带动作用。同时，企业是高校进行课程实践的投资者和提供者，通过为高校提供科研场所和实践基地，使高校更高效地利用资源，提高办学效益，提升人才培养质量，为企业提供所需的技术和人才，实现投资回报利益最大化。

第二节　我国高校课程管理体制改革方略

针对目前我国高校课程管理制度存在的实践困境与问题，应该注重对课程管理制度改革的具体路径实施，即健全政府对高校课程的宏观管理机制，完善高校内部课程管理权力制衡机制，以及创建社会力量参与课程管理的协同机制，以此完善课程管理内外部制度环境和运行机制，形成多元主体共同参与的和谐课程管理体制，保障人才培养目标的实现。

一、健全政府对高校课程的宏观管理机制

随着我国高等教育体制改革不断深入，政府开始着手调整课程管理方式：从强调对高校课程的微观控制到加强对高校课程的宏观机制，通过完善政府课程管理与评估机制以及转变政府课程管理行为与方式，实现政府的宏观机制功能。

（一）完善政府课程管理与评价机制

1. 转变高校课程评估管理体制

课程评估是高校课程管理系统中最基本的内容，是提高课程教学水平与课程建设的重要手段。课程评估要求客观、真实、全面、准确，需要多元主体共同参与。转变高校课程评估管理体制，即转变以政府为主体的单一课程评估管理体制，实现多元主体共同参与。

伴随着经济的飞速发展，高校之间的竞争愈加激烈，以学生为中心、为学生服务的观念逐渐确立，学生参与课程评估受到重视，并且其评估的权重也随之加大。教师是课程的主要实施者，对课程问题最为了解，通过对课程进行评估，能及时发现并解决课程问题，推动课程改革与发展。

高校开始面向社会自主办学，高校课程质量与人才培养质量直接关乎社会发展，因此，衡量高校人才培养质量是否满足社会需求，社会力量起着关键作用。政府应给予社会力量一定的权力，鼓励其参与课程评估与监督工作，这样不但能增加社会力量对高校办学的认可度，而且能激发社会力量参与的积极性，促进课程管理水平整体提升。

2. 创建课程分类评估管理机制

为了使评估标准更加清晰化，各类高校可以依据学科性质的特点，对评估单位进一步进行划分，并根据不同的课程分类标准实行分类评估。从评估性质角度出发，教育部将高校划分为两大类：一类是已受过院校评估的高校，另一类是未受过院校评估的高校。

已受过院校评估的高校基本都具有较高的科研与教学水平，面临的是如何进一步提高人才培养质量与课程质量问题，因此将其分为一类。未受过院校评估的高校多数是地方院校和新建院校，基本都面临如何提高课程质量和教学质量，以及怎样成为合格本科院校等问题，因此将其分为一类。

针对这两类高校，实行不同的课程评估标准和课程评估方案。对于受过院校评估的高校，应对课程进行审核评估；对于未受过院校评估的高校，应对课程进行合格评估，以达到评估结果的有效化和科学化，促进高校课程质量提高。

当前受过院校评估的高校达上百所，导致高校之间存在条件不同、水平不等、层次有参差等现象。就此，学者提出是否将这类高校再进行分类这一观点。有些学者认为，应进一步对这类高校进行分类，并详细设计课程评估标准和指标体系；另一些学者认为，不应再分类，当然，不再分类的前提在高校自身对课程的评估效果，即高校在课程评估方面是否获得成效。但无论采取何种类型，分类评估机制的建立都有利于高校课程发展。

3. 建立"管办评分离"课程评估管理体制

高校不仅是办学主体，也是课程评估主体，落实高校自我评估是高校拥有办学自主权的根本体现。从评估者角度来看，高校面临教育环境的多变性、复杂性，高校课程评估除了包括学生评估、专家评估、校内评估外，还包括社会人士评估。通过建立中介评估机构，企业等社会力量成了高校与政府之间的"缓冲器"，协调高校与政府之间的关系，同时参与高校课程评价。

实际上，世界上绝大多数高校评估都不是由政府直接实施的，而是通过建立具有法律授权地位的中介机构来承担。我国应构建适合我国高校课程发展的"管办评分离"课程评估管理体制。

（1）政府向高校放权

在高校课程评估过程中，政府是宏观"指导者"和"规划者"，从整体上统一课程评估的指导原则与指导思想，负责课程评估政策制定、颁布课程评估指标等。如政府每年都会根据高等教育发展状况，定期进行国家精品课程评选与考核，加强对课程评估的宏观管理，而具体的课程评估则由高校实施。

（2）政府向社会力量分权

政府应分割权力给社会，通过建立课程评估中介机构，鼓励社会力量参与课程监督与评估。社会参与高校课程监督的主要依据，是对高校课程培养的人才质量与人才规格加以判断，并由社会中介机构通过开展课程评估活动得以实现。可见，通过建立"管办评分离"的课程评估管理体制既有助于政府管理职能转变的实现，也能鼓励社会力量参与课程管理，满足社会对人才培养的需求。

（二）转变政府课程管理行为与方式

1. 转变政府课程管理行为，促进高校课程管理民主化

随着高等教育民主化进程的加速，课程利益主体趋于多元化已成为不争的事实，鉴于此，政府应加大放权力度，赋予高校足够的课程管理权力，并为其他利益相关者提供参与课程管理的多样化渠道，使不同利益主体能充分表达自己的课程意志，实现高校课程管理制度的公平化和民主化。

高校课程的具体实施者是教师，教师不仅对课程问题最了解，而且对学生最熟悉，最清楚学生的需求，理应给予学生充分的课程管理权，使自身的

主体作用得到发挥，促进高校课程教学水平提升。

高校最终目标是促进学生发展。高校和政府部门的管理者应把学生的需求放到首位，认可学生参与课程改革以及相关高等教育问题的讨论，并把学生视为高等教育改革的主要参与者，在现行规定的体制内，参与高校管理及政策制定工作。因此，赋予学生一定的课程管理权是高校课程管理民主化必不可少的一部分。

此外，高校课程管理也需要社会的广泛参与和监督。政府应适当地分权给社会，为社会力量创建参与课程管理的民主环境，提高其参与课程管理的积极性。

2. 调整政府管理内容、改革政府管理手段、增强政府财政支持

第一，调整政府管理的内容。目前，政府对高校课程管理的内容十分细致，具体体现为对本科"专业规范"和"专业目录"修订等做的规定上，如政府要求高校按照统一制定的教学方案实施教学，按照统一规定的专业目录设置课程，在一定程度上限制了高校办学的自由度，导致高校课程改革落后于社会发展的需求。为此，在课程内容管理权限上，政府应减少对高校课程内容的微观干预，适当加大对课程的宏观调控力度，让高校可以依据自身的条件和发展需求自主调整专业设置，进行课程建设。

与此同时，政府应加强课程质量调查和教学质量评估，不定时地发布一些相关课程评估报告，不断规范课程管理建设，使其走向优质化；同时，建立教材选用机制，落实学校在机制中的主体地位，进一步促进高校教材市场的成长与完善。

第二，改革政府管理手段。改革开放以来，随着高等教育各个阶段的形势变化，政府对高校课程管理手段也在不断变革。高等教育精英化阶段，高校课程管理方式以计划控制为主；到了高等教育大众化阶段，政府直接管理开始向宏观管理转变。进入"质量工程"时期，政府主要通过项目管理模式，对高校课程事务加以宏观管理。尽管在课程管理过程中加强了评估、督导以及法规等手段，但高校课程管理自主权仍十分有限。

因此，政府有关高校课程管理手段应进行彻底改革，即改变对高校课程单一控制的管理方式，综合利用政策规划与指导、信息服务、立法及拨款等宏观的行政措施，以此减少政府的微观干预。

第三，增强政府财政支持。中央财政拨付专项基金支持"质量工程"项目建设，其中就涵盖了课程建设与资源共享、人才培养模式改革以及专业认证与结构调整等项目。此外，中央政府还资助大学生自主开展创新性试验、教师开展对口支援交流、建设人才培养创新实验区等。

由此，充分体现出政府希望通过财政投入，对高校教学改革起到辐射作用，激励高校在课程建设方面能发挥其自身优势，保障高校课程管理制度改革。

二、完善高校内部课程管理权力制衡机制

高校的最终目标应是实现所有主体的利益整体最大化，而不是使少部分主体的利益得以最大化，否则将会顾此失彼。目前，高校课程管理制度改革的关键是要完善高校内部课程管理权力制衡机制，保障院系、教师及学生课程管理权力的实现。

（一）保障院系课程管理权力的实现机制

院系是高校教学的实体组织，它对所属专业、学科的实际情况最熟悉，就课程设置、课程实施等微观管理也最具发言权。为了保证高校课程管理的有效性，高校应走出微观管理的误区，完善院系机构设置，赋予院系课程管理权，激发院系工作的主动性。

1. 完善院系机构设置，建立课程管理委员会

反观当前高校内部课程管理组织，集中凸显出院、校两级在课程管理中的职责错位、职权重叠等问题，导致在落实教学质量评估、课程建设和课程管理运行等方面的工作上，难以厘清院校两级的职责分工，即本应由教学工作人员负责制订人才培养方案，却由行政管理人员负责计划和实施，致使课程管理运行效率低下。

因此，完善学院机构设置是院、校两级课程管理机制有效运行的基本保障。院系可以单独设立课程管理委员会，明确自身的地位和职责。教学管理人员遵照学院的课程规划和安排，负责本院系的专业课程、学科基础课程的建设和管理，重视和协调教师与学生在课程管理中的地位。

此外，根据高校教务处的统一要求，各个院系可以按专业成立培养方案制订小组，由各个学院院长作为组长进行领导，并吸纳一些专业骨干教师参与方案制订，以此改变师生与院系行政之间的管理关系，建立一种民主协商制度，提高院系参与课程管理的积极性，促进课程管理的有效开展。

2. 理顺院、校两者之间关系，赋予院系课程管理权

在高校中，院、校都是课程管理的主体，都具有课程管理权，两者的关系与地位应是和谐平等的。但由于受到传统管理体制的制约和观念束缚，院、校两级在课程管理过程中凸显出两者之间关系的不协调、地位的不平等。具体表现为校级对课程事务管得过多、过死，并总在微观管理方面下功夫，促使校级行政管理人员走向一个严重的误区。而学院习惯听从校级指令，使学校与院系之间形成了一种"命令"和"服从"的关系，影响课程管理的正常开展。

可见，在实践过程中，学校应从传统管理模式中走出来，摆脱对课程细枝末节的管理，赋予院系课程管理权。

（1）改变传统的行政管理体制

在课程管理过程中，高校行政管理部门在课程管理上应通过制度建设、政策指导及协调服务对院系加以宏观指导，具体的课程管理事务则应由院系负责，因此，行政管理部门与院系之间应该是规划指导和操作执行的关系。

（2）赋予院系课程管理权

作为课程教学的实践部门，高校应赋予院系一定的课程管理权，让院系走上高校课程管理的"前线"，使其积极地参与课程管理活动，加快对学科、专业的了解，获取学生对课程需求的有效信息，促进高校课程管理制度改革。

（二）建立教师参与课程管理的激励机制

教师是课程的实施者，由于课程内容的选择与组织、课程实施与评价都离不开教师，教师与课程的关系十分密切。教师参与课程管理的积极程度会直接影响课程教学效果，进一步影响人才培养质量。因此，应建立教师参与课程管理的激励机制，提高教师参与课程管理的积极性。

1. 实行本科生课程教学质量酬金机制

教师的课程教学效果在课程督导专家、同行教师、学习同类课程的学生综合测评排名位居前列，才有资格申请教学质量优秀评定。申请资格通过后，学院依据制定的考核细则和教学优秀量化考核表，由督导专家、同行教师以及学生对教师教学进行评定，最后以课程为单位量化考核结果进行排序。

2. 实行研究生课程教学质量酬金机制

针对负责研究生公共课程教学工作的教师，申请教学质量优秀评定资格，除了要满足课程教学效果在管理人员、督导专家、同行教师、学习同类课程的学生综合测评排名位居前列之外，还要求进行的教学实践活动的成效性，即将在教学过程中是否提高了研究生创新能力和实践能力作为其考核内容。达到申请标准的教师，可以提交申请，学院根据条件遴选，并经过研究生院与领导审核和审定后，按照教学质量和效果在学院的排名情况，给予教师相应的薪金。

（三）构建学生课程管理权的实现机制

过去的教育制度，高校学生课程管理中处于被动的或不利的地位，无法受益。因此，需构建学生课程管理权的实现机制，赋予学生一定的课程管理权，保障学生权利的实现。

1. 构建"课程共有"模式

为了顺应高校课程管理实践的发展趋势与要求，就理论角度而言，有学者提出"课程共有"的主张，即政府与高校之间、教育行政管理部门与教育学者之间、教师与学生和家长之间，在课程权力分配上形成一种平等式的"朋友"关系，而不是单向控制式的"命令—服从"关系，高校课程共有模式是基于高校内部管理地位平等化以及权力分配上的民主化建立的，即高校教师、行政管理人员以及学生之间形成一种"参与—合作"关系，扩大学生权力，削弱行政权力。

实质上，无论课程内容的选择，还是课程编制与实施，都需要学生的参与和互动，且需要聆听学生的"声音"。在课程管理过程中，教师应合理引导学生的"声音"加入其中。这样的课程才能符合学生的兴趣，才有利于学生的发展。只要学生有机会参与课程管理，其学习成绩就会有显著提高。因此，"课程共有"模式的构建，不仅有利于推动高校课程管理的民主化，也有利于学生课程权力的实现与共享。

2. 构建师生沟通交往机制

构建师生沟通交往机制的前提是使学生能向教师清晰地表达自己对课程的期望与需求，同时，教师也应向学生详细阐明课程安排、高校课程管理的意义、评教内容与目的等。在此基础上，教师与学生双方之间形成一种平等、和谐的关系，互相交流并共同商讨个性化的评教方案，决定具体的评教标准和指标，最终达成共识。从理论上讲，彰显学生权力的重要手段就是以生评教。但实际中，以生评教运行效果并不佳。

高校评教工作主要由高校行政人员负责，而主要评价者和被评价者——学生和教师却无权参与，导致教师不了解学生对课程和教学的需求与期待是什么，学生也不清楚评教的具体作用是什么，这样的信息不对称使师生之间产生不必要的隔阂和误会，也使学生对评教机制产生抵触心理。因此，要解决这一实践矛盾，应让学生积极参与其中，并与教师进行有效的沟通和交流，提升课程质量和教学水平。

三、健全社会力量参与课程管理制度

就利益相关者理论而言，政府、高校、教师、学生、社会力量都是大学利益相关者，理应参与高校课程管理。从某种意义上说，任何一类利益主体的缺失，都会对高校课程管理成效造成影响。社会力量在高校课程管理中仍被视为边缘群体，无法实现自身的利益。因此，需要健全社会力量参与课程管理制度，实现社会力量参与的权利及其作用的发挥。

（一）增强社会力量参与高校课程管理意识

从利益相关者角度出发，社会力量既然是课程管理主体，就应该自觉地对自身在课程管理中拥有的权力和地位有清晰的理解与充分的认识。目前来看，社会力量参与课程管理意识并不强。因此，需要通过激发权力意识及建构组织机构，增强社会力量参与意识。

1. 激发并实现权力意识

随着高等教育体制改革，利益主体趋于多元化，社会力量也从边缘群体向中心主体转移，逐渐拥有课程管理权。在这样的背景下，社会力量应认识到自己具有课程管理权，并相信自己能充分利用此权力推动课程管理制度改革，以此激发自身参与课程管理的内驱力。与此同时，社会力量应强化自身的课程管理权，了解参与课程管理的途径和内外部环境，从而制定适当的参与策略，促使自己积极参与其中，增强参与课程管理的权力意识与责任意识。

2. 建构并整合组织机构

既然社会力量是课程管理主体，就有表达课程的意愿和表达意愿的途径。但与完善的组织机构相比，社会组织机构比较分散，参与课程管理能力十分有限，课程权力表达渠道也不畅通，导致难以正确认识自身具有的课程管理权。

因此，社会力量应自觉进行组织建构和整合，保障权力表达渠道畅通，如利用媒体、协会等媒介建立一个由个体或者社会人士组成的课程开发协会或服务机构，使社会力量通过组建的机构表达课程意愿，并通过整合强、弱组织机构，实现社会力量的结构化和组织化。当然，为了保证管理制度的合理性与科学性，应对社会力量参与课程管理的权利和义务进行一定的规范与约束，提高社会力量参与课程管理的有效性，提升其参与意识。

（二）创建社会力量参与课程管理的合作机制

随着高校开始面向社会开放办学，社会力量也自主参与高校教学活动。但是，当前社会力量参与高校课程管理制度仍不完善，导致参与渠道匮乏，高校与社会之间的交流和合作少之又少。为此，需要培育社会力量参与高校课程管理的合作机制，鼓励社会力量参与其中。

1. 建立产学研结合机制

校企通过订单式培养的方式，使行业企业或用人单位参与高校人才培养，为高校提供教学实践场所和科研基地，并在行业企业或用人单位的专家帮助和指导下，鼓励学生积极参与教学实践和科研活动，提高人才培养的综合素质，以满足行业企业或用人单位对人才的需求。高校作为主动方，应加强与行业企业或用人单位之间的交流和合作，深入了解行业企业或用人单位的利益需求，为他们提供多种参与途径和多样化服务，使行业企业或用人单位在获得自身利益的基础上，积极参与课程管理，以此将行业企业或用人单位的课程项目资源改造成为高校课程的有效资源，共同促进课程质量提升，实现人才培养目标。

2. 建立"共同愿景"模式

"共同愿景"即以可持续发展为目标，以高校和社会力量的合作为基础，让双方就课程管理问题进行有效沟通和交流，使高校了解社会对高校课程的需求和渴望，以此引导高校对课程设置进行适当的调整，使课程内容更贴合行业企业或用人单位实际需求，最终在课程价值方面达成共识。

（三）建立社会力量参与课程管理的保障机制

作为高校利益的相关者，社会力量也有自己的利益诉求，特别是以营利为目的的企业，为了获得自身的利益，会试图通过多种途径和方式主动参与高校课程管理。但由于保障机制缺失，难以实现社会参与，需要加大政府支持力度，建立社会力量参与的保障机制。

1. 创建专门的中介服务机构

为了保证社会力量参与课程管理，满足社会力量参与的需求，政府应创建专门由研发机构、高校以及企业组成的中介机构，在职能上发挥其协调和支撑作用。

（1）设立评估机构和学术机构

评估机构和学术机构主要成员为社会精英、学者以及专家，在课程管理方面为政府与高校提供更加合理化和科学化的建议，使政府和高校能更科学地对课程质量进行微观评价与宏观评估，促进课程质量的整体提升。

（2）提供实践活动场所

如校企参与课程项目设计研发场所等，让学生更贴近社会，融入实践工作，为就业做准备。

（3）协助企业委托高校进行课程开发和人才培养

协助企业委托高校进行课程开发和人才培养同时需要协调解决校企合作中出现的问题与矛盾，以此发挥其优质的服务职能。当然，为了使行业企业或用人单位参与高校课程管理趋于合理化，需要加强其参与的程序化建设，让其依照既定程序进行合理操作，促进机构的专业性和权威性，使中介机构逐渐形成公共自觉的价值诉求，确保高校课程管理顺利进行。

2. 建立多元化的投资体系

一方面，应加大政府的投入力度。政府可以针对课程设立专项基金，为行业企业或用人单位和高校合作提供充足的资金支持，如制定产学研合作项目计划基金。政府也可以采取专项贷款和财政补贴等优惠措施，鼓励社会力量参与课程管理。

另一方面，应加大行业企业或用人单位的投入力度。社会力量凭借自身拥有的文化资本参与课程管理，如一些课程研发机构直接参与课程决策制定，或利用机构的研究成果转化，对高校课程管理改革施加影响。

此外，高校是依据社会对人才培养需求设置课程，要想与社会发展接轨，高校课程开发项目需要行业企业或用人单位为其提供资源，如实践场所、课程项目、企业专家咨询、专题讲座等。因此，应在满足行业企业或用人单位利益诉求的基础上，进一步鼓励行业企业或用人单位加大对课程管理资源的投入力度。

第三章　高等教育管理学生创新策略

第一节　我国高校学生管理体制发展趋势

未来，高校学生会具有以下特征。

一、个人自主意识彰显

高校学生处于市场经济这一大环境中，首先应具有较强的自主意识。这种自主意识，一方面表现为要求对自身价值、自我尊严的追求；另一方面表现为自我意识、民主意识、平等意识等新观念的蓬勃兴起。就业市场的竞争，关心个人发展机遇，自立、竞争、公平、效率等时代意识强烈，使高校学生更加注重自我完善，表现出对市场经济急需的新知识以及新技能的强烈求知欲。高校学生积极思考并明确自身价值，及时确定人生目标，最大限度地实现自我价值。

二、注重个人创新意识培养

未来，高校学生首先具有较强的自主意识，其次注重个人创新意识的培养。创新是一个民族进步的灵魂，是一个国家兴旺发达的不竭动力。知识经济时代，知识质与量不断更新、增加，技术革命成果不断涌现，要求高等教育必须把重视创新精神、注重实践能力、突出个性特色的人才培养作为教育工作者未来工作的重要目标。

随着我国不断推进经济发展方式转型，致力于将我国建设成为创新型国家，创新人才大量涌现。学生对事物持有的兴趣与好奇心是培养学生创新意识与创新精神的前提条件，要激发学生的学习兴趣和好奇心，高校在学生管理过程中应做到以下四点。

一是营造利于学生独立思考、自由探索、勇于创新的良好校园氛围，尊重学生的个人选择，善于挖掘学生的个人潜力，鼓励学生个性发展、自主发展。

二是建立有利于选拔创新人才的制度。

三是制定评价创新人才标准。

四是制定灵活多样的课程选修制度，给予高校学生条件支持，开展国际合作等方式，从而培养具有创新精神和创造能力的人才。

第二节　我国高校学生管理专业化取向体制

一、高校学生管理工作概述

高校学生管理工作既是职业的一种类别，也是高校教育中的一项基本任务。

（一）高校的主要任务是培养高素质、高技能的人才

高校的主要任务是，满足社会发展对人才的需求，为国家的发展建设培养接班人。高校对人才的培养不仅包括专业知识和技能的传授，还包括对学生适应能力、人格形成、道德建设等多方面素质的培养。高校学生管理不仅为高校教学服务，还对学生形成正确的世界观、人生观、价值观具有重要作用。高校学生管理工作经历了长时间的探索和发展，在管理体系、管理理念、管理方式和人员配备方面日趋成熟。

（二）高校学生管理是一门实践性很强的学科

高校学生管理将教育学、管理学、心理学等多种学科加以融合，具有综合性特点。随着教育改革的持续进行，高校学生管理工作不断探索、不断发展，已从重点方面的强制性说教、灌输模式逐渐向以人为本、服务化和制度化的方向转变。高校学生管理工作涵盖范围广，以引导学生思想的正向发展、为学生生活需要服务、指导学生就业发展、对学生进行心理健康的维护等多方面为工作内容。

（三）高校学生管理走科学化的发展路径

长期以来，国内的高校并没有将学生管理工作作为一个单独的学科，高校的行政化管理机制使工作在一线的学生管理从业人员仅作为管理工作的执

行者，管理实权和自由决策力的缺乏，使其并不属于真正意义上的学生管理。走科学化的发展路线，既要有明确的管理目标、完善的管理体系、正确的管理理念，还要有高素质的管理人员职业发展与培训规划、方法，建立职业化、专业化、高素质化的高校管理工作人员队伍，对于高校人才的培养具有重要意义。

二、高校学生管理走专业化发展道路的必要性

高校教育是国家人才培养的重要行业，为社会各行各业的发展培养专门的人才，是国家发展的主要推动者。任何一个行业的发展，都是从不成熟到成熟再到专业化的过程，每种行业分工最终的发展趋势都是具体化、专业化。

（一）职业发展的专业化

无论对从业者本身的发展，还是对整个行业的发展，职业发展的专业化都具有非常重要的意义。学生管理的专业化是将学生管理工作作为一个专门的学科类别，同会计、法律、金融等专业一样，具有更强的专业性。从业人员也同其他从事专门性职业的群体一样，具有更专业的知识素养，为社会培养本行业的专门人才。当前，对管理者和被管理者来说，我国高校学生管理工作是服务与被服务的关系，强调的是双方之间的互动性。学生是服务的主体，占据着主动地位。为了满足对新一代大学生的管理需要，高校学生管理者必须了解现代大学生的心理特点，用更加专业的知识和理论，采取更加专业的管理方法，做好现代高校学生的管理工作。

（二）培养实践性和业务性强的职业素养

传统的观念认为，高校学生管理工作者不需要像高校专业教师那样具有高学历、高知识储备，谁都可以胜任此项工作。其实，从本质上来说，高校学生管理工作是集教育学、管理学、心理学于一体的综合性学科，其专业性强、专业要求高，从事学生管理工作的人员在专业素质方面的要求更高，而且要具备丰富的实践经验。具体来讲，学生管理工作人员不仅要具有教育学、

管理学、心理学等学科理论知识的储备，还要具有能够亲力亲为指导学生的社会实践工作、学生的日常工作、学生的心理健康、学生的学习生涯规划、各种专业特色研讨会的开展、学生活动的组织、学生就业指导等实践性强和业务性强的职业素养。

（三）为高校教育事业服务

我国的学生管理工作从业人员素质良莠不齐，理论知识储备欠缺，专业化程度低，工作缺乏针对性，学生管理工作缺乏完善的管理体系和有效的管理制度，人员流动性大，学生管理工作不理想。因此，学生管理只有走专业化的发展道路，才能从根本上提高学生管理工作的质量，为高等教育事业服务。

三、高校学生管理工作专业化理念的建立

随着高校教育改革的深化，高校内部管理进行着根本上的更新和变革，学生管理工作呈现出专业化的发展趋势。职业经过分化和发展，必然形成专业，从而形成强调专业知识和技能的职业。

（一）职业分类的角度

专业，是指群体经过专门的教育学习和训练，具有高深的、独特的专门知识和技术，按照一定标准进行职业活动，从而解决人生和社会问题，促进社会进步并获得相应报酬待遇和社会地位的专门职业。可以说，现在的高校学生管理工作已符合职业专业化的标准。

（二）社会的角度

现在学校管理学知识体系日益完善，在国内的高等院校教育学院都有教授教育管理学的内容，在一些高校管理中已经形成自己特定的管理方式和技术。另外，在高校内部对学生管理工作从业人员的知识技能有了一定的要求和标准，高校越来越重视学生管理工作从业人员的业务培训。从社会角度来看，高校管理职业已成为社会的一个职业阶层。

（三）专业发展的维度

作为高校教育管理专业人员，获得系统而明确的专业理论知识是专业发展的又一重要维度。高校管理的教育性、综合性与复杂性要求高校学生管理工作者更应具有符合教育者、领导者和管理者角色要求的知识结构。专业伦理是高校学生管理工作专业最根本、最直接的体现，它包括从业者的职业道德、行为规范以及高校学生管理工作者的专业态度和动机，而专业态度和动机又是专业特征形成与发展的动力和基础。自我专业发展意识是保证高校学生管理工作者不断自觉促进自我专业发展的内在主观动力。

四、高校学生管理工作专业化的制度保障

高校学生管理工作受多方面因素的影响和制约，学生管理工作制度不仅是高校学生管理工作中最重要的影响因素，而且是学生管理工作开展的基础，为学生管理工作的贯彻落实提供制度支撑和保障。对于高校的发展而言，不但要加强硬件方面的建设，努力提升学生管理工作的实用价值和实际效果，还要在软件方面建立健全学生管理工作制度，为学生管理工作的开展提供有力的制度保障。

（一）以制度形式明确学生管理工作

高校出台的一系列制度、规则或者年度工作规划要明确学生管理工作的地位，不仅为学生管理工作提供制度保证，还要划拨一定额度的配套服务经费，在经济上给予支持，从制度和财力、物力等方面共同为学生管理工作的有效、健康发展提供支持与保障。随着教育形势的发展，高校学生管理工作应该与时俱进，根据形势的变化及时做出调整，使其与社会和教育的发展相适应。因此，明确学生管理工作在学校总体工作中的地位，遵循学生管理工作的服务宗旨，建立健全相关人员准入、考核、评比机制对提高学生管理工作十分重要。

（二）以制度形式确保学生管理工作岗位的职业化

高校学生管理工作岗位具体包括：对学生进行思想政治的管理、心理健康的管理，为学生就业提供指导，进行法律法规教育、学生社会实践管理等。这些工作细化到学生管理工作的各个部门，对于部门岗位，应该建立明确的制度和规则，为管理工作的执行提供保障，确保岗位工作人员具有丰富的专业知识和过硬的专业技能。

岗位人员在选拔和聘用的过程中，除了理论基础知识以外，还要求思想政治岗位的工作人员具有本专业的知识素养；心理健康管理岗位的工作人员具有心理辅导的经验，并通过国家认可的职业资格认证考试；法律教育岗位的工作人员具有法律专业知识及丰富的工作经验。同时，这些岗位都需要有规范的制度提供保障。

（三）采用制度的形式激励创新

以制度的形式进行适度的激励，使学生管理工作人员优秀的工作表现和成果受到认可与鼓励，这会激发工作人员的工作积极性，对工作更有兴趣，勇于创新，在整体上提高学生管理工作的质量。

综上所述，高校学生管理工作的职业化强调高校学生管理工作是一个独立的社会职业，而高校学生管理工作的专业化则要求提高高校学生管理工作从业人员的专业水平。通过高校学生管理工作专业化，进一步发展高校学生管理工作的专业精神、专业知识、专业能力，提高高校学生管理工作者的专业水平。

第三节　我国高校学生管理人本化取向体制

教育的发展、管理制度建设的出发点就是要把学生的根本利益和发展放在首要位置，真正将以人为本的科学发展观运用到具体的教育管理实践中，针对目前高校学生管理制度人本化缺失的问题，首先要从建构人性化制度着手，从促进学生全面发展的角度出发，坚定"以生为本"的信念，赋予学生应有的权利并建立健全柔性管理机制，加强高校人本化学生管理顺应当今高校学生管理制度的需求并且弥补制度的不足。

一、坚持"以生为本"的管理理念

建构人本化高校学生管理制度，转变传统的高校学生管理思维，树立"以生为本"的管理理念，实现学生的全面发展是现代高校教育的出发点和落脚点，实现高校学生人本化管理制度是创新探索符合高校学生心理行为新特点的管理模式，是做好高校学生管理工作的基础和有效途径。"以生为本"的理念是人本化管理理念的题中之义。"以生为本"应以满足学生需求、促进学生发展、实现学生价值为本。"以生为本"最简单的理解就是"把满足学生的需求作为学生工作的目标和核心"。

做到以学生为先，把学生的培养放在高校一切工作的首要位置；以学生为重，不能因为突出科研工作、国际交流、教学质量等而忽视学生管理工作；以学生为主，不仅要充分尊重学生的主体地位，而且要在管理中以学生为主，让学生自我教育；以学生为荣，把培养高素质的学生和学生取得的荣誉看作各项工作最大的成绩。随着教育的发展、管理制度的改革，高校学生管理的出发点更是要把学生的根本利益和发展放在首要位置，真正将以人为本的科学发展观运用到具体的教育管理实践中。

（一）坚持"以生为本"，构建学生本位的思维

长期以来，在高校学生管理工作中，高校往往把学生管理工作宏观地看成高校工作的一个环节，从学校利益的角度衡量学生的管理，忽略了学生主体的需求，束缚了学生的自我意识、独立意识和主人翁意识。

"以生为本"的管理理念，要求学生管理工作者打破传统的"以师为本"或者"以校为本"的管理理念，充分认清"我是谁""管理依靠谁""管理为了谁"，从学生管理工作的实际、学生这个核心群体的实际出发，考虑主体的根本需要，针对学生的特点，尊重学生的权利，侧重于发挥管理者的激励引导作用，特别是在保护学生合法权利上，不能以片面的集体主义牺牲学生的合法权利，提高对每个学生个体的重视程度，使学生获得全面个性的可持续发展，使国家与学校的人才培养目标和学生的成长需求相结合，从而得到真正的统一。

（二）坚持"以生为本"，凸显管理型服务

现代高校管理理念普遍认为对学生的管理实际上都是为学生的成长和发展服务的。学生在发展的过程中需要什么样的管理，高校就应当把这种管理作为一种服务提供给学生，而不是把这种管理当作一种资本凌驾于学生之上。这种服务型管理把管理学生、教育学生和服务学生三者有机结合起来，特别是要凸显管理服务于学生的理念。

在管理制度建设、规章制度定制、管理者管理实践和实施上都要摆正自己的位置，树立管理服务而不是服务管理的意识。彻底改变过去片面强调学生对整体社会的价值义务，把学生的主体价值放在社会整体价值内，充分满足学生的生存和发展需求，促进学生个人价值实现和集体价值实现的有机统一。这既是现代教育的发展趋势，也是新形势下实现管理型服务的现实需求。

（三）坚持"以生为本"，彰显个性化发展

由于内外环境的多样化，每个学生必然存在着不同程度的差异，并且这种差异很难随着主观意志的转移而转移。"以生为本"就是要承认并尊重学生的个体差别和个性差异，顺应学生身心发展规律，因人而异，因材施教。高校大学生都是具有独立思考能力的个体，是充满朝气和活力的，同时这个群体也引起社会各界的高度重视并给予厚望，因此在尊重学生个性差异的基础上，还要从整个国家和民族的高度对学生进行引导、规范与管理。

从学生个人的内外成长环境来看，在个人认知和性格特点上都存在着差异，因此在注重学生差异化的基础上，还要对学生个人的成长道路、思想道德等进行有针对性的引导。在学习和生活中需要让每个人的思想都在这个群体中闪光。

二、发挥学生在管理制度建设中的主体作用

（一）推进依法治国在高校学生管理领域的落实

从法律上确定高校学生参与学生管理制度制定的权利，特别是让高校学生在涉及切身利益、敏感问题，如收费、处分等方面有充分的参与权和自由的发言权。

（二）可以依托学生这个被管理群体，实现学生自主化管理

如何有效地减少管理主体和客体之间的冲突？最主要的是在制度的内容上，多给予高校学生自主管理的权限，确实把学生看作一个可以信赖的、能动的主体，在尊重学生意愿的基础上，实现学生的自我管理和自我发展。

（三）依靠学生构建制度建设的矫正机制

实践是检验真理的唯一标准，在人本化高校学生管理制度建设中，必须不断发挥学生在管理实践中的主体作用，及时收集反馈制度建设存在的不足，坚持以学生的发展作为出发点。学生主体也应当在矫正机制中起到主要作用。

当前，高校在学生管理过程中最重要的任务就是增强其管理服务意识，传统的高校学生管理制度的影响还长期存在，要真正体现学生的主体意识还要彻底解放思想，从传统的社会价值向注重学生的全面发展转变。学生实现自我管理的意识，学生地位由传统的管理客体向管理主体转变。特别是，在制度建设中充分唤醒学生的主体意识，激发他们的积极性和创造性。

三、完善大学生的维权机制

由于高校学生的利益纠纷往往局限在校内，因此高校学生的维权机制也应当立足于校内。在高校学生维权机制的构建中，虽然各个要素的地位和作用不同，但是在整个机制运行过程中，每个要素之间都存在着非常紧密的联系，每个要素都体现着整个维权机制的综合作用和功能，都是为了最大限度地保护高校学生的合法权益。

（一）高校要明确大学生维权机制的主体

进一步明确高校学生的权益由谁来维护，最要紧的就是要明确高校学生在高校中的地位及学生和高校之间的关系。高校应当主动承担维护学生合法权益的义务，不能像管理企业那样去管理高校学生，也不能把学生作为社会中的一般群体对待，更不能忽视、漠视高校学生的任何一项权益。作为学生管理者，不能把学生的管理当作一种简单的制度维护，必须时刻记住自己是学生的服务者，是学生权益维护的第一责任人，高校的各个部门对学生的权益都有保护的义务，特别是不能因为学校的利益忽视学生的利益，为了部门利益侵犯学生的利益。

学生是权利的主体，也是维护自身权利的维护者之一，要明确、正确对待自己的权利和义务，维护自己的权益，但不能因为维护自己的权益侵害学校或者其他学生的合法权益。

（二）需要对相关制度进行维权

高校学生维权制度的建立是完善高校学生维权机制的关键。制度是高校学生维护合法权益的硬件，维权机制是高校学生维护合法权利的软件，只有软硬件相结合才能切实保护好高校学生的合法权益。只有建立维权相关制度，高校学生的维权工作才有依据，才能有根本的保障，才能长期坚持下去。

从现实来看，大学生的维权仅停留在学生代表会、校长信箱之类的反馈上。建立监督制度，赋予学生权力监督高校各方面的建设，必要时应当建立社会舆论媒体监督高校的渠道。特别是，在高校处分学生的时候，让学生充分介入。此外，还应当建立相关的保护性、援助制度。保证学生在接受处理的过程中有依据为自己辩护，有地方为自己寻求帮助。

（三）要建成维权的传感体系

信息之间的有效传递是维护高校学生利益的重要保障，不但能在侵犯学生利益的行为发生时采取有效的措施制止，而且能在必要的时候给予学生帮助，挽救。此外，高效的传感体系能够逐步反馈各种矛盾，避免量的积累达到质的变化。在维权机制尚未健全的过程中，高效的传感机制的作用是不可替代的。

第四章　高等教育的质量评价体系构建

第一节　高等教育质量评价体系的理论提升

一、质量评价、质量保障与质量管理

质量评价以质量判断为依据。质量管理问题将伴随高等教育的繁荣存在而存在。质量保障则是质量管理发展的新阶段，具有特定的历史意义。比较而言，质量保障突出整体性，质量管理凸显过程性。质量来自管理，质量的高低又取决于管理的优劣。因此，高等教育质量保障的关键是建立完善的教学质量管理制度，即建立以激励为主、有利于学生个性发展的教学制度和教学管理运行机制，强化教学过程管理，加强对教学质量的监控和评价。唯有建立适应高等教育大众化和普及化的质量保障与评价体系，才能使高等教育的质量得到切实保障。只有建立完善的组织和制度，才能真正发挥学生对提高高等教育质量的推动作用。如果没有组织和制度作为保障，那么再好的理念也是"镜中花、水中月"，难以转化为具体的实践。另外，还要进一步加强高校校风、教风和学风建设，构建一个有利于学生健康发展的优良环境。评价是提升质量保障的有效手段，但评价又是非常困难的事情，甚至可以说是管理学的世界性难题。

总之，管理的对象有二：一为人，二为物。现代意义上的管理主要是通过体制和制度实现的。一般而言，体制和制度要为人能力的充分发挥提供机会与平台、政策与规则、管理与服务。

二、高等教育质量评价体系的设计原则

（一）评价体系设计的激励性原则

高等教育质量评价，是把各高校的教育工作置于横向比较、鉴别中，接受评价检验。通过评价，获得高校教育质量的高低、优劣信息，形成客观的比较鉴别，必将产生强烈的压力和动力，进而激发和增强各高校的竞争意识。开展教育质量评价，就是相当于把竞争机制引入教育领域，通过评价实行奖惩制度，科学的评价制度和方法将为教育竞争创造一个公平合理的良好环境。在质量评价的过程中，高校必须始终坚持以发展为本的重要原则，要根据评价者过去的基础和现实的表现，对学校的各方面状况进行全面分析，这不仅仅是对高校的教学成果做一个价值判断，更是通过对评价者的评价与诊断，发现其存在的问题和困难，使被评价者进一步明确未来发展的目标，激励被评价者通过发展，缩小与其他高校的差距。也就是说，通过质量评价，不但能评判一个高校教育质量的好坏，而且能帮助学校诊断问题，使高校能更清楚地认识到自己与优秀高校的差距，找到努力的方向。

（二）评价体系设计的明晰性原则

高等教育质量评价体系明晰性原则，是指评价的目的、内容和要求都要明确、具体、清楚、明了。只有确立了明确的评价目的、评价内容，具体的评价要求，评价程序才能顺利开展，才能很好地达到评价的目的。因此，评价内容应紧紧围绕促进高校及师生自主的发展，明确要实现此目标的主要因素，并把此定为评价的核心内容。例如，应高度重视校园文化建设、人才质量的提高、学校专业与社会需要挂钩等方面的内容。尤其是对评价内容的每个要素的具体内涵必须做出明确、具体、翔实的界定，否则就会产生许多不必要的分歧，影响评价的实际效果。评价体系明晰性原则，一方面是对评价者和被评价者提出具体要求，主要包括评价者的职责与任务、纪律和规定。例如，评价者要有高度负责、求真务实的精神，要公正、正直、秉公办事、廉洁、廉明等。另一方面是对被评价者的要求，主要包括学校师生及员工从

上到下要高度重视、真抓实干，要从细微处着手、从整体上去把握，要以评价为契机，实现自己学校又好又快的发展。同时，评价的目的、内容和要求都要在评价活动开展之前，让评价者和被评价者了解与掌握，这样才能使被评价者有明确的努力方向和目标，懂得为什么要去评价、评价的内容是什么、应该怎样去评价。否则，评价者和被评价者在评价的实际工作中就会茫然不知所措，其评价结果自然不会令人满意。

（三）评价体系设计的可行性原则

高等教育质量评价体系的可行性原则，是指高校教育质量评价的对象具有可比性，指标体系具有可测性，评价工作具有简易性，保证评价工作顺利进行的原则。可行性要求评价工作尽可能地用较少的指标、条目，较简便的方法、途径，反映出被评对象的本质属性和功能。开展高等教育质量评价的各项工作都要建立在具有可行性的基础上，要使高等教育评价在广泛的范围开展起来，必须使评价工作简易可行。只有这样，才能使接受评价的单位把评价与改进工作结合起来，而不会把评价工作当成一个负担。另外，一项评价工作的开展需要花费一定的人力、物力和财力，如果评价不能解决实际问题，那么不仅浪费了国家的财富，而且给被评价者造成了很大的负担，导致被评价者的不满和反感。因此，评价体系的设计特别是评价具体指标的设计必须针对高校普遍存在的实际问题，特别是要针对高校的办学定位和办学特色以及学生的实际能力等方面的问题。通过进一步完善评价指标体系，提高评价体系的可行性，突出被评价者的个性和特色，对于促进高校的准确定位、提高被评学校学生的实际能力与创新精神都是非常有利和有效的。

三、专业与就业核心竞争力

高校现有的专业设置、组织结构显得不尽合理和规范，专业结构设置上存在盲目性、随意性，造成人才积压和人才紧缺并存的结构性失衡。这必然导致"教育系统"与"就业系统"的错位，进而影响学生的就业，这也是导致一些专业"忽冷忽热"的深层原因之一。社会需要的专业很多，但学校的资源是有限的。学校要在自己能力范围内，扬长避短，培植优势，打造特色，以优势立足，以特色取胜。无论是单一性、精英式的传统质量观，还是多样性、大众式的现代质量观，都在一定程度上反映了不同时期的社会政治、经济和文化对高校教育的不同要求以及高校教育的价值取向。现代意义的高等教育质量观最主要的特点是"质量"和"质量标准"的多样化，强调高等教育质量评价标准的公正性、科学性和国际性，强调高等教育评价的个性化和特色化。

第二节　高等教育质量评价体系的哲学探究

高等教育评价是对高等教育教学、学术研究、经营管理、社会服务等相关系统、组织的评价。

一、对高等教育评价主体论的辨析

在以知识经济为基础的社会中，随着高等教育规模的不断扩大，高等教育已经走进"社会的中心地"，高等教育的利益相关者也越来越多，他们都有权对高等教育进行评价，并成为高等教育评价的主体。高等教育由谁来评价，决定着评价的基本性质。由于评价主体的评价理念、目的、标准、内容等有所不同，与评价相关联的结果也不同。

（一）高校本身作为评价的主体

把高校自身作为评价主体的评价，我们将称为"自我评价"。实施自我评价的高校具有双重性质，既是评价的主体，也是评价的对象。高校自我评价的理念和目的会直接影响评价的质量。外部评价一般是在自我评价的基础上进行的，高校不得不实施自我评价，这在法律或制度上有新规定，并且外部评价的结果直接关系到高校自身的利益，这种自我评价可以称为"被动自评"。

自我评价主体的组成成员主要来自该校的管理者、教职员工及学生。为了保证自我评价的真实性和公正性，还应该有高校以外的代表参加。从管理层和教职员工中选出一部分较有影响力的代表与学生代表和校外代表组成自我评价组织，在一定的办学理念指导下，按照一定的评价标准和程序进行评价，形成评价结果，做成自我评价报告书，并将评价结果向高校内外公开。高等教育的教育主体是作为受教育者的学生,学生作为自我评价的组成成员之一,在理论上最具有说服力。可是在现实中,高校的自我评价组成成员里很少或者根本没有学生代表,这说明自我评价在主体组成上存在着一定的问题,也是必须解决的问题。

作为自我评价主体的高校应当切实肩负起评价主体的责任。如果自我评价与评价的结果只是停留在对自己所在高校的介绍甚至美化上,未免与自我评价的本质相去甚远。自我评价如果不与高校自身的改善或改革联系在一起,就会失去自我评价的意义。自我评价必须做到客观、真实。高校应将其作为一种管理经营的手段,有效地利用自我评价的结果,找出学校在教育教学、科学研究、管理运营等过程中的优点和问题,这对高校制订改革发展计划有着重要作用。只有通过自我评价进一步发挥高校人的能动性,激发教师的积极性,努力改进教学,提高科学研究质量,提高经营管理水平,才能实现自我评价的真正目的。

(二)政府作为评价的主体

以国家或政府为评价主体的高等教育评价,通过转变教育行政部门管理职能,制定相关的法律或规章制度加强和改进对高等教育工作的宏观管理与业务指导,强化对高等学校教育教学质量、办学条件等的监测和调控,目的是促进高等教育事业持续、健康发展,保障和提高整个高等教育的质量,使之发挥更大的作用。国家或政府多是通过设立直属的行政评价机构来具体实施评价。这些直属的国家行政评价机构根据相关的评价法律文件等制定评价目的、目标、基准、规则、程序等,对高等学校进行评价。

(三)第三者部门作为评价的主体

第三者评价的组织主要是由具有较高责任感、丰富高等教育经验的学者、专家等构成。高校已经实施了以保障和提高自身教育教学、科学研究、经营管理为目的的自我评价,为什么还需要第三者评价?由于各高校的办学理念,发展历史、类型、层次等有所不同,作为高校最高决策者的管理经验和水平等也存在差异，在制定自我评价的目标、标准、内容、方法等方面存在着合理性问题，同时也存在着评价的过程、结果等是否真实、客观等问题。这些问题的发现及提出合理的解决方法的建议等需要一个科学的、客观公正的第三者来评价。第三者评价的主体应该多样化。

二、对高等教育评价多元论的评判

（一）评价主体的多元化

高等教育的发展会反作用于国家与高等院校的关系。在高等教育不同的发展阶段，这种关系的体现也有所不同。它们之间由原来的"权利"和"义务"关系，逐渐地向"管理"和"责任"的关系转变。在"管理"和"责任"之间存在着一个"纽带"或"桥梁"，这个"纽带"或"桥梁"就是评价。评价产生的同时会出现评价的主体，国家对高等教育的评价主体自然是国家或政府。通过制定高等教育方针政策引导高等教育发展。高等教育方针政策必须在国家高等教育事实的基础上制定，事实来源于评价的结果。作为高等教育评价主体的产生和存续，国家或政府具有无法替代的价值，意义十分重大。

在国家和高等院校之间存在着既"非此非彼"又"亦此亦彼"的第三者。第三者评价主体必须对国家和社会负责，与高等院校之间存在着平等、自愿、协商的关系。在"高等教育评价时代"的今天，第三者评价主体的产生和发展，既能丰富高等教育评价的形式和内容，又能客观、科学地保障高等教育质量，为高等院校接受外部评价提供更多的选择空间。它存在的价值在于客观、公正、真实、科学、公开等，这种价值是其他任何评价主体都无法代替的。

评价主体的多元化是"高等教育评价时代"到来的基本特征。多元化的主体从不同侧面对高等院校的教育教学、科学研究、管理经营、社会服务等各个方面进行检测、监察，对具体高校的改革与发展提出意见，保障高等教育健康发展。

（二）评价对象的多元化

随着高等教育的不断发展，高等院校呈现出多类型、多层次的发展趋势，有国家直属高校、地方高校、民办（私立）高校、内外合作办学等，有研究型大学、教学研究型大学、教学型大学、高职高专等，有历史悠久、实力雄厚的大学，也有新建本科院校等。这些多样化发展着的高等院校是与社会发展的需求相适应的，为社会发展培养各级各类、不同规格的人才。由于各高校的具体职能不尽相同，其存在的价值也有所不同。正是这些职能、价值不同的高等院校的存在使高等教育评价的对象呈现出多样化。由于高等教育评价对象多样化，高等教育评价的形式会向多元化方向发展。

高等教育发展的历史表明，高等教育的功能在不断扩大，高等学校的职能也在逐渐增加，现在已经形成了被学界和社会公认的三大职能，即培养人才、科学技术研究、直接为社会服务。随着高等教育的发展还可能出现更多的职能。就三大职能来说，高等院校是否真正发挥了其作用，或者如何保障和提高三大职能发挥作用的质量，需要对其进行评价。我们把高等院校的社会职能作为评价领域，这个领域也是多元的。评价领域的多元化也会影响高等教育评价的多元化。

目前，高等院校培养人才主要是按照院系和专业进行。由于高校的不同，所设的院系和专业也不同，同样名称的院系及专业在不同的高校，教育教学、科学研究等的水平和质量也存在差异。如何保障相同专业在培养人才和科学研究上的质量，近年来受到人们的关注。我们把专业作为评价对象，这个对象更加广泛、更加多元化。

高等教育评价对象的多元化会使高等教育评价出现多种类型。如根据评价对象的不同，会产生相对于研究型大学的研究型大学评价、相对于教学研究型大学的教学研究型大学评价、相对于教学型大学的教学型大学评价、相对于新建本科院校的新建本科院校评价、相对于高职高专的高职高专评价。根据评价领域的不同，也会出现相对于培养人才领域的教育教学评价、相对于科学技术研究领域的教育研究评价、相对于直接为社会服务领域的社会服务评价。我们把不同的院系或专业作为评价对象，会形成多种专业评价。在这些评价之间存在着类型和层次的区别，它们既能完善高等教育评价系统，也能使高等教育评价向高度专门化方向发展。

（三）评价标准的多元化

在多样化的高等教育市场需求中，评价主体要充分考虑这种供求关系。在评价标准的制定上，具体从两个方面出发。一个是个人的需求。各高校各自能在多大程度上满足哪类受教育者的需求，是评价主体在制定评价标准时能应该考虑的重点要素之一。围绕着培养人才和满足个人的需求，会涉及具体高校的各个方面要素，如教育教学、管理运营、历史特色、地理位置、物质资源、师资构成、学生情况、专业设置、学科建设、学术科研、社会声誉、发展潜力等。另一个是国家和社会的需求。国家和社会的需求是随社会发展而产生的，并逐步呈现出多样化特征，是基于国家和社会的政治、经济与发展情况对劳动力、专门人才、科学技术等要求产生的对高等教育支付能力的需要。这些需求主要来自政治、经济、文化、科技、人才等领域。评价主体在制定评价标准的时候，对于高校能在多大程度上满足国家和社会的哪些需求，也是必须考虑的重要因素。

由于高等教育发展阶段不同、高等学校类型和层次不同，在满足受教育者个人、国家和社会的需要程度的价值判断上也有所不同，因此对其评价的标准应该是多样的。高等教育评价主体如何制定评价标准，与这个主体判断高等教育的价值尺度有关，作为评价的主体必须清楚地把握现阶段的高等教育状况，国家和地区在政治、经济、科技等各个方面对高等教育的需求，并且能科学地预测高等教育发展的未来，这是制定评价标准的基本前提。评价主体多元化，其评价的目的也有差异；评价对象多元化，其评价的内容也有所不同。因此，高等教育评价标准应该是多元的。

三、对高等教育评价政策的哲学分析

伴随着我国评价工作的开展和对高等教育质量的追求，从第一项高等教育质量评价政策发布，到现在，评价贯穿各项有关高等教育质量工作的政策，作为高等教育不可缺少的一个重要组成部分，高等教育质量评价政策经历了一个发展、成熟的过程。

从本质上看，高等教育质量评价政策经历了一个从工具性价值到目的性价值转变的过程。高等教育质量评价政策包括两个方面的价值：一是对高等教育质量评价的统筹规划、发展方向制定的指导原则，主要是协调高等教育质量评价的内部关系；二是国家高等教育质量评价活动的方向和评价发展目标，主要是协调高等教育质量评价的外部关系。评价政策的内部价值着重于解决高等教育质量评价活动的内部矛盾，即通过解决质量评价生存和发展的应然目标与实然状态之间的矛盾，最终达到使受教育者全面自由、和谐发展的目的。高等教育质量评价政策的内部价值，主要是以合乎质量评价和人的发展以及合乎的程度来评判。这种价值可以称为高等教育质量评价政策的目的性价值。评价政策的外部价值着重于解决高等教育质量评价的外部关系，称为"工具性价值"。从本质属性来说，高等教育质量评价政策的内在价值高于外在价值，高等教育质量评价政策的目的性价值高于工具性价值。

我国政府在评价政策制定过程中，坚持国家发展与高等教育质量保障的统一。一方面，通过评价提高高等教育质量，高等教育质量是国家参与国际竞争和满足社会对人才需求的工具。另一方面，国家权力通过评价政策，调集大量资源发展高等教育并解决教育质量中出现的问题。从国家利益与高等教育利益的关系来看，鉴于我国的社会实际以及教育地位的低落和发展方向的迷失造成的弊端，在现阶段出台的评价政策中，相对突出的是第二个方面，即重视其内在价值，尊重高等教育自身发展的内在需求，引导高等教育质量评价各项工作规范、有序地发展，从而促进高等教育质量不断提高，为社会整体进步提供原动力。可以说，我国高等教育评价政策的演变过程是一个从工具性价值到目的性价值不断升华的过程。

　　从功能上看，高等教育质量评价政策经历了一个从基准控制的导向功能和奖优罚劣的调节功能向提高质量的管理功能的转变。

　　教育政策的本质决定了教育政策具有导向、调节和管理的功能，使教育政策具有客观的价值属性。高等教育质量评价政策也是如此。

第三节　高等教育质量评价体系的实践要素

一、行政管理模式的转变

改变行政管理模式，确立知识型的学术基层组织制度。从理论上来说，学科是大学的细胞，是大学教学科研发展的基础所在。学科这些极其重要的单位，可以看作一种组织的基础。从整体上来说，高校实质就是一个学术组织，是一个学科群的集合体，越到基层越倾向于某个单一学科体系，这样才可能符合其整体学术性的要求。因此，基层组织的学科属性和学术特性是由大学与生俱来的特性决定的。教学、科研和为社会服务的大学三大职能，实质都是知识创新。教学职能是通过人才培养达到知识的传承，继而为知识创新做准备；科研职能是通过科学研究直接进行知识的更新换代；为社会服务是建立在教学和科研基础上的。当然，这些知识创新需要制度保障，而以学科为基础的知识本体模式则成为此创新的重要载体，只有这样的基层制度建设才是成功且有效的。

知识本体模式的基层组织制度是人才培养创新的基础，它为课程多样化和灵活性的设置提供可能。只有建立在知识本体模式基础上的课程设置、教学、评价，才可能给予授课教师最大的权限和责任，才能保证在课程设置之前，授课教师有充分的主动性进行市场分析、学生调查并根据相关信息设计出最符合知识发展的人才培养目标，或者是最符合学生需要，或者是最符合市场需求的课程内容、教学方式，并能够根据学生的评价适时调整教学内容和教学方法。

反观院系实体模式，课程设置模式可能改变自下而上的知识出发途径，遵循自上而下的管理思维，从大学发展和社会发展需要出发，这样就会忽视知识、市场和学生发展需要；而站在知识前沿的教师则因为没有基层发展责任丧失了参与课程设置的动力和机会。此外，在院系实体中，学科间的交叉交流空间相当有限，封闭的院系封闭了学科交流的可能，学科孤立发展模式违背了知识融合的规律，只会导致学科发展越走越有限，人才培养机制越来越狭窄。知识结构的不合理导致创新型人才培养的空间相当有限。可见，只有符合知识发展规律的知识本位的基层组织模式，才能在大学的教学职能中、在人才培养内容和模式创新中有所作为。

二、内部评价制度完善

扁平式和分权并立的管理模式保证了大学内部评价制度的完善。该模式的形成符合质量管理"改进和转变"的理念。管理"精致化"是当代管理改革的趋势。扁平化强调压缩管理结构，减少管理层次，下移管理重心，提高信息传输效率，增强系统适应外界变化的灵活性。分权化强调分解权力、职能和责任，创设竞争环境，激发系统活力。但是，过分强调扁平化，可能导致中心管理事务过于庞杂；过分强调分权化，可能导致基层组织间的过分攀比竞争。二者的结合在大学的管理结构中表现清楚：一方面，大学中心的管理职能和权力、责任通过学部、学院各级组织逐级下放，首先实现分权管理；另一方面，中层管理学部的出现、学部数的减少，既符合学科融合的趋势，也是整合管理层级的需要。

从管理结构来看，学术行政采用分立模式，行政服务学术理念稳固，不同学术部门间既为保持学术独立和自治性而相互分立，又通过学部为学科间的融合发展提供可能，这样的模式为教学、科研上秉承学术独立性提供了切实的内部保障机制。而通过大学层面的学部间的交流来从中观上推动基层学术组织的学科融合和发展，既符合知识发展的逻辑，也符合问题研究范式，更是一种加强高校内部良性竞争合作的管理模式，有利于促进以知识本位为基础的基层学术发展。学术和行政分立模式，一方面保证行政以学生服务为中心的工作理念，学术领域内以学部为统筹，以学院为主要教学科研单位，学院和中心的并立存在都为以研究引导教学的理念提供了可能；另一方面，学部减少，学科间融合趋势加强，增加了学科交流，打破了学科壁垒，为教学法的相互学习提供了新的渠道。

三、多层次质量评价

大学内部推行以基层质量评价为基础，中层关注质量保障，高层关注质量改进，人人为质量负责的质量评价制度。

（一）建立在课程审批、教师发展、学生评测和学生反馈基础上的基层质量评价

根据对教学质量以及质量管理战略的理解，高等教育机构应当对四个影响教学质量的要素进行重点规范。这四个要素分别是新课程或模块的审批、教师发展、学生测评、学生反馈。

新专业（包括新课程或模块）的开设被视为对教学质量影响甚大的一个因素，因此，其审批过程十分严格。合作开设课程须由合作与远程学习分委员会审批。高校对上述各机构应具体考虑的问题都有详细指导，以规范其审批工作。概括地说，主要考虑新专业的可行性和学术合理性问题。可行性问题包括有关专业所需资源、市场需求、是否符合外部规则与标准等；合理性主要指学术合理性，包括对诸如专业设置的目的、培养内容、课程结构、教学方法安排以及测评方法的合适性等进行考察。在新专业评审中，不但应该重视专业的学术合理性，而且应该重视专业的市场需求情况，因此要求申请单位必须提供详细的市场调查情况，尤其重视雇主的意见。在专业审批过程中，后一环节首先要对前一环节的审批程序执行情况做大概的了解，以监督并保障课程审批工作的执行，使审批过程环环相扣，保障各阶段工作的落实。

学生测评应当被视为检查课程教学效果的重要环节。在这一环节，学生和教师能同时获得有关自身学习与教学的反馈，帮助改进学和教。高校应该通过外部监察制度及时采用学生测评反馈的方式，充分发挥学生测评在促进教学质量上的积极作用。所谓测评反馈，是指将测评结果及时反馈给学生，

帮助他们改善学习。高校要求各机构将测评反馈的时间、方式等以制度方式明确公开，并针对公开制度建立评价机制。在课程开始之前，有关机构要将预期的学习要求以及反馈形式公开告知学生，以保障学生事先对课程的学习结果有完整的了解，并明确学习过程各步骤的要求。这样就使学习、测评和测评反馈连接成一个回路。学生根据测评反馈进行改进，改进的情况将在下一轮学习和测试中体现出来；教师再次给出测评反馈，并根据上一次的情况进行调整。如此循环往复，保障学生学习质量不断提高。

（二）建立在课程定期评价、年度评价基础上的中层质量保障机制

要素规范作为质量保障体系的建设性部分，其实施情况要接受大学评价。作为督促的主要方式，大学需要通过各种形式的内部评价定期检查院系教学质量保障工作。这些形式主要有课程定期评价、课程年度评价以及学系年度评价。

1. 课程定期评价

课程定期评价以学院为主体。在学系提交的自评报告基础上进行各系的自评报告，上交学院委员会，由学院委员会汇总后上报院校质量保障机构。该评价每五年一轮，以单门课程为单位开展，旨在鼓励各系对课程发展进行长远考虑，刺激新的课程设计并保障各系教育质量提高。确定好评价的课程及时间之后，学系将自评报告提交给学院委员会，后者将组织评价小组开展评价。

2. 课程年度评价

课程年度评价主要由课程组组长负责组织和实施。课程组组长召集所有与该课程有关的教员以及部分学生开会，针对该课程各方面的反馈信息进行讨论。这些反馈信息主要来自学生反馈或问卷结果、考试结果、外部监考员报告、外部专业团体的学科认证报告、师生联合会的文件及年度报告等。同时，这些材料将与上一年的课程年度评价报告及课程详细介绍和外部质量管理委员会的相关标准陈述进行比较对照，以明确其进展与不足。会议结束之后，

课程组组长将提交一份简单的评价报告，将本年度该课程的进展情况和第二年的发展计划报告给系主任，由后者汇总交学院委员会讨论，并公布最佳课程实践和有待继续改进之处。

3. 学系年度评价

学院秘书根据学院所有课程的年度评价报告制作一份综合报告，明确学院内要解决的主要问题和需要改进的领域，以及优秀实践案例等。

第四节　高等教育质量评价体系构建的对策

一、更新高等教育质量评价的理念

理念是指引个人思维和行为的价值观与信念。理念是抽象的概括，它不是具体的行为，但能指导行为，指导具体工作目标的制定。高等教育质量评价的理念是在教育评价本身发展规律思考的基础上，对教育评价活动本身的内在价值追求的结果。一旦形成先进的、科学的理念，就会是一股引导教育发展与自身发展的巨大力量。目前，我国高等教育质量评价理念落后于评价实践发展的需要，因此，评价理念的更新是重构高等教育质量评价的关键。

（一）树立服务性的评价理念

传统的教育评价具有鉴定和管理的功能，由评价者依据一定的标准对被评价者的工作进行检查、监督，以判断其达成目的的程度，从而实现对教育活动实施监督与控制的目标。在这种评价思想指导下，评价者与被评价者处于一种对立的关系，即控制与被控制、监督与被监督、管理与被管理的关系，从而造成了评价者拥有较高的权力，而被评价者处于被动接受检查、等待评估的位置，因此，被评价者参与评价的积极性不高，甚至惧怕和反对评价。评价不仅具有判断与管理的功能，更重要的是具有服务与建设的功能。这就要求我们在高等教育质量评价的指导思想上，必须转变以往以监督控制型评价为主的理念，树立以服务性评价为主的理念，发挥评价的建设性功能。这种服务性评价理念要求评价者在进行高等教育质量评价时候，以为被评价者服务为宗旨，充分听取被评价者的意见与建议，与其建立协商型的伙伴关系，使被评价者自觉配合和主动参与评价，通过科学、客观的评价为被评价者提供准确的反馈信息并提供可行性建议，帮助其不断改进工作，实现价值增值，从而大大提高评价体系的运行效率和效益，而不仅仅是以管理者的身份对高等院校进行"自上而下"质量检查式的评价。同时，服务性评价还要求评价主体在实施评价活动时，尽量站在被评价者的立场上考虑，通过评价帮助他们改进工作，而不是用频繁的检查控制式评价增加他们的工作负担。

（二）树立适应性的评价理念

高等教育进入大众化阶段，呈现出一种多样化的发展态势，其表现为办学主体多样化、办学形式多样化、办学层次多样化和培养目标多样化。它适应了社会对不同层次、不同规格和不同类型的人才的要求，逐渐成为大众的文化场所和学习场所，不断为整个社会创造新的知识和提供受过高等教育的劳动者，为社会创新注入活力。在评价高等教育质量时，必须树立适应性的评价理念，以适应性作为不同层次、不同类型、不同地区高等学校评价的基本要素。而不能抽象、笼统地划分一个标准去评价不同的大学。纵观高等教育发展的各个历史阶段：从注重博雅学识到注重专业基础知识，从注重实践能力到注重全面素质的高等教育质量评价取向的变迁轨迹，均清晰地显示了适应性原则在高等教育实践中的体现。

（三）树立发展性的评价理念

发展性教育评价以发展为目的纬度，是一种依据目标、重视过程、及时反馈、促进发展的形成性评价。发展性教育评价的特点是：在教育评价方式上，发展性教育评价不仅注重评价对象的工作表现，而且更重视评价对象的未来发展，重在使评价对象增值，是强调"立足现象，回顾过去，面向未来"的评价；在评价目标上，发展性教育评价更强调以促进被评价者的发展为目的，是一种依据目标、重视过程、及时反馈、促进发展的形成性评价；在与评价对象的关系上，发展性教育评价重视提高评价对象的参与意识，发挥其积极性，双方建立合作型关系；发展性教育评价以被评价者为发展主体，通过系统收集评价信息和进行分析，对评价者和被评价者双方的教育活动进行价值判断，实现评价者和被评价者协调发展的目标。发展性教育评价理念的提出，改变了长期以来站在评价者立场上考虑，重视对被评价者的教育效果进行鉴定和区分优劣的终结性评价占统治地位的局面，而以被评价者的发展为主要目标，重视对被评价者工作过程进行评价和及时反馈，以帮助被评价者改进工作，促进其发展。发展性评价可以促进评价者与被评价者之间的良好交流与合作，树立被评价者主体地位，提高他们参与评价的积极性和主动性，从而提高评价体系运行的效率和效益；发展性评价站在被评价者立场考虑，更重视被评价者自身的可持续发展，实现被评价者价值的增值，是一种更重视评价效率与效益的评价；发展性教育评价更重视促进被评价者有效改进其工作，不仅能满足目前发展需要，而且能促进其未来的持续发展。因此，发展性教育评价是一种更先进的教育评价理念与指导思想，对指导我国高等教育质量评价体系的建构，提高该体系的运行效率和效益具有极其重要的意义。

二、优化高等教育质量评价的指标

评价指标既是开展教育评价的基础，也是评价活动的重要依据，它决定着评价活动的效果和效率。因此，要改进我国高等教育质量评价工作，真正发挥其功能，保障我国高等教育质量的持续改进和提高，我们必须优化高等教育质量评价的指标，着力构建我国高等教育质量评价的指标体系。

（一）高等教育质量评价指标的优化价值

何谓评价指标？从本质上说，评价指标是评价目标的细化和具体化。高等教育质量的评价目标是对高等教育质量进行价值判断，找出问题，提供反馈信息，促进高等教育质量的持续改进。高质量的高等教育标准是高度概括性的、抽象的，它涉及许多方面的目标，包括条件、过程和输出成果方面的高质量。因此，评价指标就必须把这些高度概括性、抽象性的目标细化成具体化的、可测量的、行为化的、可观测到的标准，以此作为评价的依据和准则。但由于每个指标只能反映某一方面的目标，不同的评价指标，在判断评价对象实现预定目标的程序中，起的作用是不同的。为了使每项指标发挥其应有的作用，必须赋予各评价指标以不同的权重。这就涉及指标的优化，即根据相关要求（如教育目标、人才培养质量等），运用一定的方法对指标体系中的各要素进行层级分解与权重设计。

（二）高等教育质量评价指标的优化策略

一是要体现完备性。根据评估学原理，一个评估系统的指标体系反映的广度和深度，应当包含或者覆盖被评价者的全部本质属性。高等教育是一项系统工程，其质量是由多种因素相互作用的结果，包含的属性范围极为宽广。因此，在设计和构建高等教育质量指标时，必须坚持全面的理念，根据高等教育质量的内涵和外延，全面设计指标体系。二是要体现实用性。指标体系的完备性是我们追求的目标之一，但过于重视细枝末节则会导致评价信度的降低。因此，对高等教育质量的评估，应在保证评估目标得到充分体现的前提下力求简易，选取的评价指标要简明且易于操作；同时，要有易于观察和收集的确切的数据来源，并最大限度地避免使用主观色彩过于浓厚的综合性指标。这样评估起来，收集信息方便，费时少，主评人员容易掌握，便于配合，误差较小，既能保证评估结果的可靠性，又能使评估体系达到简单、经济、实用的要求。三是要体现针对性。不同类型的学校虽然可分享共同的教育目的，但每所学校的具体使命、角色作用、关键的成功因素不尽相同。

三、丰富高等教育质量评价的主体

高等教育的质量不仅关系到举办者、办学者的责任和利益，而且与社会、民众特别是受教育者的利益密切相关，这就决定了多种力量要求对高等教育质量进行评价。因此，要进一步推进高等教育质量评价的发展，还应丰富高等教育质量评价的主体，积极创建政府、学校和社会共同参与、联动协调的评价机制，使政府教育督导部门、社会中介教育评价机构和学校联合起来，围绕共同目标，从不同角度为高等教育质量提供客观、可信、有效的评价。

（一）政府评价主体的职能转变

教育是在特定的社会历史环境中进行的一种特殊的社会活动。正因为教育要受到一定社会状况的制约，所以，对教育质量进行评价自然成为社会公众与政府部门普遍关心且自觉参与的社会活动。政府及教育主管部门要利用评价结果制订高等教育发展的有关规划，从总体上、宏观上调控把握高等教育的发展方向，控制高等教育的总体发展水平，并且通过某些其他方式促进高等教育质量不断地改善与提高。

（二）自我评价主体的功能发挥

自评，是指评价客体进行的自我评价，是客体对象主体化的行为，是一种自觉主动的行为。自我评价是高等院校内部自行组织实施的评价，是对教育活动进行自我调节和自我完善的重要手段，主要功能是优化教育过程。高校自我评价是同行评价等外部评估的基础，是高等教育质量评价中独立的校内评价过程，是高等教育质量保障体系的重要组成部分，是高等教育评价的成功所系、生命所在。高校缺乏自评的积极性和主动性，容易出现弄虚作假的现象。要改善这种现状，高校要自主地"自下而上"建立起自我发展、自我约束的高等教育质量内部评价体系。

（三）社会评价主体的积极介入

在高等教育质量评价体系中，必须重视充分发挥由非政府的社会团体、民间组织以及公民个人参与高等教育质量评价的权利，并且促使他们更加有效地履行其应承担的责任和职能，即需要社会评价主体的积极参与和介入。正是基于这样的认识，教育部明确提出，要进一步转变政府职能，建立评价中介机构，成立具有独立法人的"教育部高等教育评估中心"，不断提高评估工作的专业化和科学化水平，并且建立起社会评估中介机构的资质认证制度。高等教育教学评估中心可以带动地方政府、教育行政部门建立相应的评估监控制度和组织机构，促进高等学校建立自我发展、自我约束的内部质量保障机制，积极引导和培育社会评估中介机构，形成由国家控制、评估机构评估、高校自我评估和社会监督共同组成的完整的教育质量保障体制。

四、完善高等教育质量评价的方法

高等教育质量评价的方法很多，但没有哪种评价方法和手段是绝对优异的，它们都有各自的适用范围，只有将多种方法结合起来，发挥各自的优势和作用，才能从不同的方面反映实际状况，增强评价的准确性。因此，在评价高等教育质量时，还应使用综合化的评价方法。具体来说，就是要实现四个相结合。

（一）定量评价与定性评价相结合

定量评价是采用数学的方法，收集和处理数据资料，对评价对象做出定量结果的价值判断。如运用教育测量与统计的方法、模糊数学的方法等，对评价对象的特性用数值进行描述和判断。定量评价强调数量计算，以教育测量为基础。它具有客观化、标准化、精确化、量化、简便化等鲜明的特征。它在一定程度上满足了以选拔、甄别为主要目的的教育需求。定性评价是根据评价者对被评价者平时的表现、现实和状态或文献资料的观察和分析，直接对被评价者做出定性结论的价值判断。

（二）单项评价与综合评价相结合

单项评价是对被评价者在某一方面的评价，或者指被评价者在某一时间范围内的工作评价。单项评价不仅能为改进某一方面的工作提供依据，而且能为被评价者提供今后工作努力的方向。缺少单项评价会导致综合评价结论的表面化和简单化，因此，单项评价是综合评价的一个重要组成部分。综合评价是用动态的、发展的眼光，对被评价者工作的各个环节进行系统的、全程的、较长时期的、循环反复的评价。综合评价不是单项评价的累加，而是对被评价者全方位的、多角度的综合因素的系统评价。没有综合评价，就无法全面了解被评价者的工作表现,无法把握被评价者的发展倾向和发展需求，也无法修正评价过程中由晕轮效应、趋同效应等引起的各种偏差。高等教育本身是一个多边系统，而这些系统又有相对独立性，质量评价需要与各层次的教育活动同步进行，以判断各层次、各方面的效果，从而改进各层次、各方面的工作。因此，实施高等教育质量评价，必须坚持单项评价与综合评价相结合，这也是教育评价的一种基本方法。

（三）自我评价与外部评价相结合

高等教育质量是高等院校永恒的主题，因此，建立自我评价制度理应成为高等院校的自觉要求，成为院校建设中不可或缺的重要一环。自我评价固然重要，但由于受自身条件和各种因素的影响与限制，自我评价机制存在一定的局限性，其评价结论的客观性、可信性和有效性难以得到保障。外部评价与自我评价相比，其起点更高、视野更宽，更具客观性、权威性，对院校的宏观指导战略意义更大。因此，评价高等教育质量，还必须将外部评价与自我评价相结合，使二者相互融合与促进，才能使评价的过程与结果更真实、更科学。一般来说，在高等教育质量评价中，应先由学校进行内部自我评价，然后由外部评价机构根据自评报告对学校进行检查或指导，这样既能让学校展示其优劣点，又能节省时间，符合我国教育评价高效率的要求。同时，学校成为评价主体之一，参与评价的积极性也必将得到进一步加强。

（四）静态评价与动态评价相结合

静态的认可性评价的重点在于高等院校现在达到的实际水平，判断其是否符合一定的质量标准，并据此予以认可。认可性评价较重视评价的统一性，其标准多为静态标准，即针对稳定的教育任务，依据既定的教育目标编制的评价标准，目的是考核教育任务完成的程度和水平，且是相对稳定的。动态的发展性评价更注重从改革和发展的角度对高等学校在改革中表现出来的活力——适应能力和创新能力进行动态评价。发展性评价重视评价标准的变化、多样化以及高等学校的办学特色。因为从动态和改革的观点评价高等教育的发展，必须允许甚至应当提倡各所高校制订自己的特色评价标准，或者评价者针对不同的高校制订不同的发展性评价标准。对高等教育而言，其质量保障和质量提升是一项复杂的系统工程，不是一蹴而就的，也不是一劳永逸的。仅仅依靠静态评价不能反映整个发展过程，也无法把握其发展方向。因此，在对高等教育质量的评价中，必须坚持静态评价与动态评价相结合，但要以动态评价为主。

五、健全高等教育质量评价的制度

（一）健全高等教育质量评价的文本制度

法律保障的特点在于，它以国家权力作为后盾，具有最高的权威性和最大的强制力。因而，立法建设对质量评价和质量保障具有重要意义。各级教育评估部门可以制定其他有关的高等教育评估工作规章，工作规章并非属于法律规范的范畴，但是可以依据上位法的立法精神对高等教育评估中的具体问题做出补充性规定和说明。

（二）健全高等教育质量评价的保障制度

任何一项工作，要想朝着既定目标健康发展、有效运作，都需要有良好的保障机制，高等教育质量评价更是如此。因此，我们在实施高等教育质量评价时，还应通过健全保障机制，把内部保障和外部保障有机结合起来，为评价工作的深入开展提供坚实的保障。一方面，政府及教育主管部门应充分发挥外部保障的主导作用，通过人财物各方面的条件支持、制度性的项目支持等，推进高校教育质量自我评价体系的建立。如政府可对建立了自我评价体系的高校进行鉴定，凡是通过了鉴定的高校不仅可以获得政府的经费资助，还可以享有较大的办学自主权。另一方面，社会及相关部门可以从社会资金的资助、就业资格或生源等方面促进和保障高等教育质量评价。

（三）健全高等教育质量评价的评价制度

评价活动本身的质量如何，能否真实、公正地反映被评价者的客观情况，切实有效地发挥导向、激励、诊断、中介、提升等功能，还需要进一步考察与评价。这种评价就是对进行的评价活动进行的后续评价，也就是对评价的评价，也被称为"再评价"或"元评价"。再评价对监督与制约评价者的行为、提高评价结果的客观性、消除评价中的误差、改善高等教育质量评价工作、总结经验与不足、提高评价体系的运行效率和效益等都有十分重要的作用。我们还应高度重视再评价制度的建立和完善，并把它作为保障评价活动质量，提高评价体系运行效率和效益的一个重要手段，在实际工作中加强建设，使评价成为保障和提升高等教育质量的重要手段。

六、深化高等教育质量评价的研究

（一）研究队伍专门化

当前，从事高等教育质量保障与质量评价研究的人员主要有两类：一类是教育理论研究方面的专业人员，如教育研究院所人员、高校教师与研究生等，另一类是在教育实践第一线的工作人员，如教育主管部门的工作人员、高等院校的教学管理人员等。总的来看，很多实践工作者对这一专题的研究有实践经验，但缺乏理论知识，研究成果深度略显不够。部分理论工作者因缺乏实际工作经验，仅做纯理论研究，实用性不强。要实现教育评价研究队伍的专门化，就必须进一步加强教育评价的学科建设，以学科平台为依托，积聚和吸引大批具有较深专业知识和较高理论水平的专家、学者，从而构建起教育评价研究的不同层次的完整的学术梯队，形成一支专业化的研究队伍。

（二）研究载体配套化

一方面，学术界、理论界要在政策、资金、课题等方面对开展教育质量评价研究实行扶持和倾斜政策，要创办专门性的学术期刊，交流研究成果。各级各类研究机构每年度要安排一定的课题指标用于教育质量评价的课题研究，不断完善教育评价的理论体系。要特别注意研究方法的科学性、研究课题的针对性、研究成果的创新性，实现教育质量评价理论研究的制度化、规范化、常态化。另一方面，我们可以通过设立专职的教育评价研究机构，或依托独立的教育评价中介机构，积极组织专家、学者围绕教育质量评价的热点问题、难点问题和重点问题开展系统的研究工作。

（三）研究范式多元化

开展高等教育评价研究，在讲究理论研究的科学性、规范性的同时，还必须提倡研究方法的多样化和研究范式的多元化。实践中，一方面，我们要消除长期以来教育评价研究范式单一化的弊端，摒弃"拍着脑袋撰理论的做法"，改进和发挥传统研究方法的优势，并结合高等教育评价的特点，学习和嫁接其他社会科学和自然科学的研究方法，做到研究方法丰富、多元、有效。另一方面，我们要从高等教育评价的哲学、社会学、管理学、法学、教育学、心理学基础等多学科的视角，研究高等教育评价的本质和属性、目的和作用、结构和功能、过程和效果等，探索高等教育评价的基本规律与原理。事实上，只有将高等教育评价的普遍性规律与我国高等教育的具体特点结合起来，才能真正建立符合我国国情的高等教育质量评价体系，促进高等教育质量的不断提升。

第五章　高校校园物质文化建设

第一节　高校校园物质文化的概念及特征

校园物质文化是指学校物质环境总体构成的一种文化。它可分为基础设施文化、自然人文环境文化等，是学校文化的硬件设施，看得见、摸得着。物质文化建设具体包括学校建筑文化的建设，如学校建筑的布局，各种建筑物的命名，校门、大型壁画、校史馆的设计与修建；学校绿化与美化，如学校绿化景点、学校雕塑的创作设计与修建；学校内部的陈设与布置，如学校教学楼、实验楼、图书馆等厅堂的陈设布置，教室、走廊的布置；学校传播设施，如学校标志的设计与制作，校园网、黑板报、橱窗、阅报栏、标语牌、广播、现代信息技术方面的设备布置等。如果学校的这些硬件设施都具备独特的风格和文化内涵，就能潜移默化地影响学校群体成员的观念与行为，对学生身心的健康发展，知识技能的掌握，世界观、人生观和价值观的培养以及创造性、主体性的养成等，都会产生直接或间接的作用。

校园物质文化的每个实体，以及各实体之间结构的关系，无不反映了学校的教育价值观。完善的设施、合理的布局、各具特色的建筑和场所，将使人心旷神怡、赏心悦目，将有助于陶冶校园人的情操，塑造校园人的美好心灵，激发校园人开拓进取的精神，约束校园人的不良风气和行为，促进校园人的身心健康发展。

校园物质文化是校园文化建设的一部分，是当代学校教育的必然产物。它在培养人才的过程中呈现出的教育功能、示范功能、凝聚功能、创造功能、熏陶功能等，为当代学生形成良好的心理品格与正确的价值观念奠定了坚实的基础。

在校园文化建设中，精神文化是目的，物质文化是达到目的的途径和载体，是推进学校文化建设的必要前提；物质文化建设是校园文化建设的重要组成部分和重要支撑。校园物质文化，属于校园文化的硬件，是看得见、摸得着的东西。校园物质文化的每个实体，以及各实体之间结构的关系，无不反映了某种教育价值观。

一、高校校园物质文化的概念

高校校园物质文化是高校文化的空间物质形态，是高校精神文化的物质载体。学校物质文化有两种主要表现形式：一是学校环境文化，包括学校的总体结构和布局、校园绿化和美化、具有教育含义的教育和教学场所以及校园环境卫生等；二是设施文化，包括教学仪器、图书、实验设备、办公设备和后勤保障设施等。

高校校园物质文化是高校文化的有形部分。它是指高校内看得见、摸得着的物化的文化形态，是学校文化的"外壳"，奠定学校文化存在和发展的物质基础；同时，它是高校文化"内核"的载体，体现着一定的价值目标、审美意向等，是富有教育内涵的人文环境。学校物质文化是学校内人的对象化活动的结果，一方面，人是物质文化的创造者、改造者，使自己所处的物质环境打上种种思想观念的烙印；另一方面，人是物质文化的受用者，让自己在特定的物质环境中得到陶冶和熏染。因此，从某种意义上说，学校物质文化是学校成员智慧、力量、集体感的象征，可以使学生在不知不觉中，自然而然地受到熏染、启发，从而发挥学校文化的育人功能。

具体来讲，高校物质文化主要是通过校园环境的创设而发挥它的育人效应的。校园环境是大学生成长、发展的微观环境，也是学校教育、教学活动能顺利开展的重要条件。所谓校园环境，就是围绕在学校成员周围一切事物的总和，也可以说是学校所有外界力量对大学生作用的总和。高校环境由学校物质环境和心理环境两部分构成。前者指能使学校教育、教学活动顺利进行，或者深化和发展教育影响的外部条件，包括学校地理位置、学校建筑、学校布局、学校绿化等；后者指为实现教育目标，完成学校管理职能，提高学校教育、教学管理工作效率的内部条件，包括个人心理环境和社会心理环境等。物理环境是高校文化的载体，是心理环境发挥作用的基础；心理环境是学校文化的核心内容，是学校师生积淀于内心的观念形态的环境，是大学生个性化和社会化的培养基地。这两种环境之间相互作用、相互影响，从而构成一个完整的学校环境。我们在此论及的高校物质文化的学校环境，是指高校物质环境文化。它主要包括以下内容。

（一）高校地理环境

学校地理环境的优与劣，是判断学校物质环境好坏的一个重要方面。因此，在学校物质环境的诸多因素中，校址的选择是一个重要环节。我国历代教育家十分重视以自然山水陶冶弟子的情操，与此相对应，形成了重视学校环境美好的传统。在西方国家，欧洲古老的大学也十分重视学校地理环境的选择，这与中国大学建设是相通的。近年来，随着我国各大城市的急速发展扩大，以往大学的地理位置有很多都成为闹市区，这就不再适合大学生的成长。部分学校开始在城市周边建立大学城，这些大学城既可以让学生的生活远离城区的喧闹，又可以形成自己的发展空间，建造一个更适合大学生成长的物质文化空间。

（二）高校校园内建设的规划和布局

在学校物质环境文化的建设中，学校选址固然是很重要的一环，但学校内部的统一规划和布局更重要，这是建设良好物质环境的重要步骤和措施。学校内部规划、布局是一项系统工程，既要反映学校的整体风貌，又要考虑到教学生活的便利；既有利于学校的统一管理，又要使各个部分相互协调，发挥其最大效用……而这一切又都必须体现出环境育人的宗旨。因此，学校内部的规划与布局要遵循一定的规律，在总体设计上要符合"使用方便、流向合理、减少拥挤、避免干扰、节约时间、提高效率"的原则。具体来说，校园规划、布局要创造以下良好的校园环境：治学严谨的学习环境，生动活泼的文化环境，清洁卫生的生活环境，幽静宜人的自然环境。

（三）高校校园的绿化和净化

优美的校园环境，能给人以美的享受。校园树木葱茏，红花绿叶，草坪如茵，整洁卫生，空气清新，舒适优雅，对于学生来说，可以起到安定情绪、启迪思想、陶冶情操、净化心灵的作用。

校园绿化和园林景物布置是学校总体规划的重要组成部分，在设计总体规划布局时，应该一起考虑，同时设计，同时施工。一座美丽的校园，不仅体现在建筑物上，也体现在景点、园林及绿化等方面。建筑物是否具有美感，与景点、园林、绿化的衬托密切相关，从而直接影响到整个校园的美感。

（四）高校校园中的人文景观

学校物质环境建设最根本的目的就是寓情于环境，寓教育于景物。在物质环境建设中固然要着眼于自然、物质，但在学校这一场地要求必须赋予自然、物质以及人文因素，即教育的期望和意图。特别是，要注意利用和创设一些校园人文景观，以强化学校文化的教育作用。这方面的内容主要体现在：充分利用学校已有的人文景观挖掘其独特的教育作用。积极创设学校人文景观，赋予其深刻的教育意义。巧借自然之物，达成教育之目的。

（五）学校文化传播设施

学校物质文化建设，不仅要注重校园物质环境的改造和创新，还要重视各文化设施的建立与健全。文化设施是任何文化都不可缺少的组成部分，是文化传播的物质载体。它对学校师生思想观念、行为的形成同样起着不可估量的作用。尤其是，在信息社会的今天，学生不仅在课堂上、从书本中接受了对他们产生影响的教育信息，而且在课堂以外的其他多种活动中，从各种传播媒介中接受了许多对他们具有教育意义的信息。学校文化传播设施既包括电视、广播、报纸、杂志等传播工具，也包括图书馆、演讲厅、思想论坛、各种沙龙、外语世界等活动场所。

可以看出，学校物质文化的内容非常广泛，并且各自具有不同的作用。优良的学校物质文化氛围，既是情感的升华剂，又是无形的约束力，对身在其中的大学生身心健康发展产生着巨大的影响作用。

二、高校校园物质文化的特征

合理的高校基础设施建设处处流露着学校的办学理念和文化精神，是高校物质文化的主要内容。正因为如此，各高校在基础设施建设上极力加大投入力度，精心设计，详细规划学校的各项基础设施的布局和建筑风格等，力争在实现校园基础设施建设和校园内师生精神互动的同时，给全体师生以潜移默化的文化熏陶。

（一）高校校园内的建筑特征

学校建筑是进行教育活动的基本场所，也是学校基本的物质条件。根据承担的教学活动内容的不同，学校建筑分为三要件，即研学要件、生活要件、活动要件。

学校建筑中的教学要件一般有教学楼、办公楼、实验楼、图书室、计算机室、语音室等。近年来，随着科技的发展、计算机功能的增多、旧专业的调整、新专业的开设、素质教育的推进，教学场所有所增加，尤其是实验楼、计算机室等的建设，可以说成了很多高校建设的当务之急。

学校建筑中的生活要件一般有宿舍、食堂、洗衣房、医院、百货店等。这些是学校教育活动重要的辅助和保障条件，其中，学生公寓标准化建设体现了学校对学生生活的高度关注，营造温馨和谐的宿舍文化是校园文化建设十分重要的组成部分。让学生在"家"的环境里，学会协作、思考和创新，通过不同的方面展现他们在日常生活、学习、卫生等方面的良好表现，倡导构建和谐进取的宿舍环境，提高了整个公寓的文学水平。积极向上、文明和谐的宿舍文化正潜移默化地对高校学生的素质养成产生重要影响。

学校建筑中的活动要件一般有体育场馆、报告厅、影剧院、广播电视站、花草道路、亭榭园林、山水风景等。这是让师生心情愉悦、陶冶性情、修养品格、提高教学效率的重要条件。活动要件的教育功效具有潜隐性，不像教学要件和生活要件那样立竿见影。

（二）高校校园教学设施特征

图书资料收藏是高校教育设备的首要条件。收藏图书资料，数量要达到一定规模，满足师生阅读和检索的需要。图书资料的质量和规模是一所学校文化底蕴的一种体现形式，这是高校校园文化建设过程中值得高度关注的问题之一。针对合理建构高校学生知识文化体系的教育职能和未来社会需要人才的素质要求，图书资料建设一定要紧紧围绕优化高校学生知识结构这一育人目标，既要包括自然科学类、人文社科类、综合学科类图书等全面类型，主要在突出学术性的同时兼顾通俗性、应用性，也要注意反映最新成果，保障教师的教学科研最接近理论前沿，让学生的学习和成长与时代同步。另外，通过中外文光盘检索系统和包括全文数据库在内的中外文检索系统的电子期刊数据库，宽带光缆接入大型数字图书馆，可以大大增加检索图书资源量。

（三）高校校园物质文化是校园文化的物质形态

高校物质文化是高校精神文化建设的成果和物质体现，也是高校精神文明的外在表现和物质基础。高校文化一方面体现在办学理念、办学方向、意识形态上，另一方面体现在学校的物质建设上。高校物质文化建设，应体现在校园建设、学科建设、教学科研设备建设、教师住房建设等方面。

首先是高校校园环境文化的育人意蕴。高校校园环境文化作为校园物质文化的重要组成部分，它润物无声地影响着学校师生对生活的理念、对教育的希望和对自己存在的理解，具有潜在而深厚的育人意蕴。

其次是高校校园设施文化的育人意蕴。在现代高校校园里，教育媒介主要是指图书馆、实验室和校园网等设施，它不仅是当前高校校园里从事高深学问的教学活动基础，也是开展科学研究工作、发展科学事业的重要条件。

现代化的图书馆、实验室和校园网等，是一所现代化高校的物质基础。

最后是高校校园治学积淀及队伍文化的育人意蕴。治学严谨的育人传统、积淀深厚的高水平的课程和学科专业，是高校存在发展的组织基础，是一个学校要在激烈竞争中立于不败之地必须秉承而不可忽视的重要方面。治学严谨的育人传统，是一个校园影响最大的非实体物质文化，是高校之所以"大"的重要无形物质财富。一支具有人格魅力、学术造诣、善于育人的教师队伍是育人的关键因素。教师在教育教学过程中的主导作用，表现为在传授高深学问的同时，以其人格魅力和治学态度给学生以深刻的影响，指导帮助学生把外在文化内化为自己的综合素质，使学生成为具有主体精神和创造力的人。

三、高校校园物质文化建设的意义

首先，重视对校园环境文化建设是学校发展的需要。

其次，营造校园环境文化气息是学校思想教育的重要阵地。

一是凝聚功能。学校环境文化建设的核心是树立群体的共同价值观，通过它的影响力在青年学生中形成一种无形的向心力和凝聚力，把青年学生行为系于一个共同的理想信念和价值追求之上，陶冶健康向上的审美情趣和文化品格。

二是激励功能。不同的校园环境文化会将教育教学活动导向不同的境界和水平，产生不同的育人效果。良好的校园环境文化，必然会深刻地影响师生的内心，激发师生的工作和学习热情。

三是熏陶功能。学校按照审美的要求加强校园环境文化建设，这对学生的审美理想、审美趣味和审美观念的形成具有无形的熏陶、感染和潜移默化作用。

四是益智功能。校园环境文化对学生的智能发展具有促进作用。一般来说，丰富良好的环境刺激，既可以促进智力发展，又可以激发学生积极的情感，并以此促进学生智能的提高，特别是学习兴趣的提高。

以上功能的发挥表明，学校校园环境文化是学校积极开展思想教育的极好阵地，必须加强对学校校园环境文化的重视和建设。

第二节　高校校园物质文化建设原则

一、高校校园外部物质文化建设原则

现代教育是社会性的教育，学校对学生的教育只是其中的一部分，校外教育环境对学生也有较大的影响，因此校外教育环境的好与差显得相当重要。

校园外部环境在宏观上讲包括教育体制、政策指引、政府支持、卫生与安全等，具体到对学校所在城市的考察衡量，包括一所学校所在城市政治、经济、文化的背景。政治经济活动愈活跃，信息传递手段就愈先进和便捷，就愈适宜对高校生活产生更直接和更广泛的时代影响；城市所处的地域其历史文化愈久远、愈深厚，就愈能为一所学校提供厚重和坚固的文化根基，对学校的文化影响愈深远。

（一）前瞻性原则

高等教育事业是一项利在当代、功在千秋的事业。办好一所高等学校，需要经过几代人甚至几十代人的薪火相传，它是一个特色学科不断发展、优良传统不断光大、校园文化长期积淀、物质条件不断积累的过程。校园外部物质文化建设不仅要满足当代发展的需要，还要为未来发展留有余地，为学校的可持续发展创造条件，奠定基础。

（二）科学性原则

首先，校园外部物质文化的建设要求从科学的角度进行。校园外部要有四通八达的交通网络，要有足够满足学生需求的活动场所，还要建设一些可供师生休闲的设施。其次，科学性还表现其经济性。高校外部物质文化建设，经济实力是基础之一，既要面向未来，又要立足现实；既要着眼长远，规划建设一个科学、合理的具有生长性的校园，又要立足当前的经济承受能力。

（三）人文性原则

高等学校是一个教育机构，教育是文化的社会遗传和再生机制，教育起源于文化，是一种文化现象。因此，从社会学的角度来看，高等教育应定位于文化领域，校园外部物质文化建设要追求其人文氛围。从"环境"的角度来看，校园选址要与环境相协调，周边的自然环境和人文环境同等重要。

（四）为教学和学习服务的原则

校园外部物质文化建设不应脱离和违背为大学师生服务这一原则。城区喧闹的噪声和浓郁的商业氛围，会对师生治学产生一些负面影响。在郊区办学，能创造一个安静的办学环境，使师生免受干扰，远离浮躁的社会，有利于师生深居简出，潜心钻研学问。

二、高校校园内部物质文化建设原则

（一）科学合理原则

一所高校的建设和发展必须有规划，高校校园的物质文化建设规划是高校建设发展总体规划的重要组成部分。高校校园物质文化建设必须根据高校的类别、环境、财力等不同情况，制订具有学校特色、专业个性而又切实可行的规划。这是校园物质文化建设取得成功的关键。高校校园物质文化建设应充分体现规划的先导性、延续性、合理性和科学性，通过规划设计使校园的功能分区、单体造型、群体组合和立体绿化实现专业化、现代化和配套化，使思想教育和文化教育寓于校园物质文化建设，从而展现校园特有的审美情趣及其深厚的文化育人底蕴。

（二）人文关怀原则

高校校园是育人的场所，以人为本，加强人文关怀，不仅要体现在教育教学的各个环节中，还要体现在环境设施上。高校校园不是一个纯粹的物质空间，而是高度人性化的环境空间，是高校中的人根据办学理念和价值追求，按照美的规律，创造出来的自然美与思想美和谐融合的"第二自然"，承载了丰富的人文因素、文化色彩和校园精神。高校校园建筑不是木材、钢铁和水泥的简单堆砌，而是由新材料、新能源和信息技术支撑起来的"智能大厦"，体现着高校人继承优秀传统文化、追求现代文化的内涵和特色。

（三）实用有效原则

高校校园物质文化物质种类繁杂，不同类型的校园物质文化，具有不同的物质属性和用途。阅览室可用于读书，双杠可用于锻炼身体，等等。但高校校园物质文化建设必须从人本出发，考虑到育人的需要与功效。任何高校校园物质文化都是因育人需要而存在的。即使是壁画雕塑、建筑小品、音乐广场、小桥流水、绿树鲜花等校园物质文化，其作用也不仅仅是求得赏心悦目，而是要通过这些艺术与自然景观对校园建筑的点缀，营造出一个轻快活泼、优雅宁静的时空环境，从而为师生创造良好的教育条件，消除师生学习、工作的压力和身心的疲劳，使他们达到身心与学习、工作同步健康发展的和谐统一。

（四）凸显特色原则

不同高校校园的物质文化虽有其共性，但更重要的是，高校校园物质文化只有凸显其个性特征，才能枝繁叶茂，更好地展现其育人意蕴。实际上，每个高校校园都存在已经形成或者已经被人接受的物质文化特色。一个高校教学科研的发展方向和水平，特别是根据自身特点确立的独特的精神追求，都会在校园物质层面的文化载体上留下深刻的痕迹，从而对学生起到警示、呼唤、激励等作用，并进一步促使学生焕发出奋发进取的勃勃生机。这也是每所高校都力求通过校园物质文化塑造校规、形成自己校园风格的动力和目的所在。

第三节 高校校园景观建设含义及原则

一、高校校园景观文化的内涵

校园景观作为高校的一个重要组成部分，每个景观元素，以及各景观元素之间的关系，都反映出高校的教育理念、办学宗旨、精神价值和审美意识等。校园景观是校园文化的物质载体，校园景观提供的信息、理念和环境构架体现出了多种文化知识的交织相融。

校园景观主要包括校园所处的自然环境、规划布局、校园建筑、内外陈设、雕塑、绿化等。我们可以把校园景观分为校园自然景观和校园文化景观。校园自然景观，是指校园内的自然风光、地形地貌；校园文化景观，是指为弘扬校园精神、校园文化、校园风尚等，在校园自然景观之上叠加人类活动形成的景观。校园景观的独特之处就在于校园是专门的育人场所，育人的意向性要求景观本身包含丰富的教育意义与教育价值。

（一）受自然环境因素影响

对校园环境而言，除了学术性是各个校园的共同点之外，各高校都十分注重形成自己的校园特色。在制约校园景观特色的诸多因素中，最重要的就是如何充分利用当地独有的自然条件，创造适宜的校园环境。

自然界中包含的四种基本物质——木、水、岩石和土壤，组合在一起能够形成丰富多彩、变化万千的合成物。这些合成物的种类是如此之多，以至于难以用言语来形容。对景观设计师来说，复杂的自然条件是设计的根基，无论做何种设计都必须考虑建筑及其环境、地形、方位、道路和植物之间的关系；还必须注意气候强加给环境的诸多影响，以及土地、植被、水和建筑材料等彼此间的联系，只有这样才能创造一个自然与人共相协调的校园环境景观。

（二）受人文因素影响

校园环境景观设计的根本目的是为人而用、为师生服务。这里的人文因素包括两个方面，一方面是校园环境景观的设计者，另一方面是校园环境景观的使用者。人文因素可以说是对校园空间环境塑造影响最大的方面。

（三）受社会因素影响

随着学校的自主权日益扩大，校园规划设计具有更大的弹性。在校园环境景观设计中，既要充分考虑用地性质和景观结构变化，又要具备灵活性和可持续发展性。

二、高校校园景观文化的作用

（一）指导引领作用

校园景观潜移默化地影响学生的心理、道德情操、审美感受力、审美鉴赏力和精神创造力。校园建筑的布局、造型、风格，以及校园环境的美化、绿化在不忽视其实用功能的同时给学生以直观的美感，发挥其愉悦身心、陶冶情操、净化心灵、激励向上的作用。而校园文化蕴含着教育目的，也对学生起着直接或潜移默化的教育导向作用，深刻地影响着每个学生的发展方向，特别是影响着学生的价值取向、思想品德、行为规范和生活方式的选择，具有滴水穿石的作用。

（二）熏陶塑造作用

校园景观作为教职员工和学生长期生活其中的、可知可感的、具体生动的一种微观社会环境，滋润其心田，浇铸其灵魂。同样，大学生置身于校园文化环境中，时时处处受到特殊情境的熏陶，受到直接的思想道德教育，受到文化艺术的熏陶和感染，受到风气风尚的感染，受到先进典范的鼓舞，启迪他们的智慧，陶冶他们的情操，净化他们的心灵。

（三）凝聚整合作用

校园精神是校园文化的灵魂和核心，是一种师生员工认同的价值观念和强大的精神力量，具有一种无形的、不可低估的凝聚力和向心力。它主导着校园文化的发展方向，规定着校园文化的本质。校园精神一旦形成，就能强化师生员工的校园归属感、责任感和荣誉感，把师生员工紧密联结一起，凝成一股难以替代的巨大力量。校园景观使师生产生一种凝聚力及向心力，对学校产生归属感和认同感，以学校的生存和发展为己任，将自我的发展与学校的发展联系在一起，将学校视为自己的家园。

（四）调适激励作用

造型优美的建筑物、协调的装饰，与绿树、鲜花、丛林、共同营造出的校园景观，折射出学校的历史、传统和现代身姿，反映校园的独特风貌，不仅给师生员工带来了舒适愉悦的学习、工作和生活环境，而且能使师生员工在紧张的工作、学习中调节情趣，消除了内心抑郁和身体疲劳，保持高昂的情绪和奋进精神。富有知识性、趣味性的文化活动，有利于改变校园文化生活枯燥无味的状态，调节师生员工的紧张情绪，消除精神疲劳和陶冶心性，有利于他们生理和心理的健康发展，进一步提升师生员工工作学习的主动性、积极性和创造性。

（五）传播辐射作用

校园景观塑造着学校的形象，它深刻地反映出学校自身的特点及内涵，对社会公众、本地区以及更大范围产生一定影响，能提高学校的知名度，是构成社会文化的一部分。大学是学术思想的重镇，也是社会良知与理性的凝聚场所。学校吸收整个社会的精华，同时提炼和凝结出新的精华，再去影响社会。高校校园文化中的思想观念和行为方式，终将为社会文化吸收和融合，起到推动社会文化发展的巨大作用。因此,存在于高校的文化环境和精神氛围,不仅对内有强烈的感染力,而且对社会文化产生辐射作用。纵观历史,每个历史时期,产于校园的文化都无一例外地辐射到社会上去,影响人们的社会生活。

三、高校校园景观建设的原则

(一)以人为本的原则

校园是教师和学生活动的场所,他们需要学校有适宜的环境,校园景观设计应当以他们为中心,以满足师生必要的生活、运动、游憩等人本主义的基本需要。校园环境景观形态设计失败的案例,多半是设计脱离师生作为环境主人的行为感受与需求,设计者脱离实际,决策者标新立异把师生的生活需求放在一边,走上了以我为本的歧途。校园的景观设计是以人的需求为基础的,因此,高校校园景观规划应本着以人为本,即在尊重自然的前提下,考虑人的尺度和心理要求,将人的活动性和舒适性作为景观规划的出发点,强调景观的宜人性,包含景观通达性、建筑与人的亲和性、生态系统稳定性、环境清洁度、空间舒适度、景色优美度等内容。

(二)可持续发展的原则

1.结构性协调

环境系统内各要素之间的内在联系应具有较严密的组织构成、合理的比例关系和较高的有序性。

2.功能协调

环境系统内各要素需要相互配合与互动。

3.区域性协调

任何封闭环境不可能单独达到理想目标,必然与周边地区协同发展,互惠互利。

4.时段持续

环境发展具有阶段性，不同时期有着不同的目标形态，但须前后持续、着眼未来，构成良性递进。无论是校园整体景观还是局部景观，风格的选择是设计的一个决定因素。校园整体形象一旦定位，就不要轻易变动，其各个时期的建设应在创新的同时保持与其协调一致，延续其原有的文化氛围和文化脉络，使整个校园风格一致。教育是百年大计，纵观世界名校，无不具有光荣的历史。因此，要留有发展余地，规划出科学合理、扩展方便的弹性生长型校园结构。应解决好各区域环境中的建筑物、道路、公共空间、景观绿化等主要环境要素之间的有机联系、空间关系，以及区域环境与校园整体环境之间的协调关系。有效避免因盲目改造、设计失误、工程质量低劣造成的不良后果，使校园环境建设形成整治见效果、投入有回报的良性循环。

（三）生态性和因地制宜的原则

校园环境建设必然受到各种主客观因素的制约，因此要最大限度地利用有限的资金改造环境，因地制宜地对校园环境进行合理的改造、调整和美化，在环境设计理念上摒弃粗放型的设计观念，持生态性原则，从保护原有生态环境做起，使人工生态系统与自然生态系统协调发展，在尽可能不干扰环境的情况下解决功能和美学问题，强调自然保护和生态平衡。对于学校来说，必须从大环境着眼，从小环境入手，尽可能利用那些天然的地形和植被，为生态环境的合理化创造条件，应避免为追求气派而过分强调草坪的作用，忽视乔、灌、草、地被植物群落式立体配置的重要性。也就是说，校园环境景观形态设计既要达到生存目的，又要取得发展的成功，设计手段应是花最少的力气去适应生态环境。

四、高校校园植物景观建设的原则和方法

（一）可利用植物的不同色彩分层效果

分层配置、色彩搭配是拼花艺术的重要方式。不同的叶色、花色，不同

高度的植物搭配，使色彩和层次更加丰富。创造绿化层次则包括纵向、横向两种情况。纵向绿化层次建设可以充分利用乔木、灌木，校园中亭台楼阁的错落与间隔，造成视觉上高低错落、疏密有间的审美效果。避免单调、造作和雷同，形成春季繁花似锦、夏季绿树成荫、秋季叶色多变、冬季银装素裹，景观各异，近似自然风光，使学生感到大自然的生机。

按季节变化可选择的树种有早春开花的迎春、桃花、连翘、丁香等，晚春开花的蔷薇、玫瑰、棣棠等，初夏开花的木槿、紫薇等；秋天观叶的三角枫、银杏和观果的海棠、山里红等，冬季翠绿的油松、桧柏、龙柏等。总的配置效果应是三季有花、四季有绿，即遵循所谓"春意早临花争艳，夏季苍翠不萧条"的设计原则。

（二）注意植物本身造价问题

应注意节约并合理使用名贵树种。有的园林滥用名贵树种，不仅增加了造价，造成了浪费，而且珍贵树种随处皆是，就显得平淡无奇了。其实，很多常见的树种如桑、朴、槐等，只要安排、管理得好，也可以构成很美的景色。当然，在重要风景点或建筑物迎面处，仍需要将名贵树种酌量搭配，重点使用，多用乡土树种。各地乡土树种适应本地环境的能力最强，而且种苗易得，又可以突出本地园林的地方色彩，因此，必须多加应用。当然，外地的优良树种在经过引种驯化成功后，也可以与乡土树种配合应用。

（三）利用多种植物本身构成独立空间效果

从构成的角度来看，植物是一种设计因素或一种室外环境的空间围合物。在地平面上，以不同高度和不同种类的地被植物或矮灌木暗示空间的边界。在垂直面上，植物能通过树干和叶丛暗示的方式，而不是以实体限制空间。其空间的封闭程度随树干的大小、疏密以及种植形式而不同。叶丛的疏密度和分枝的高度影响着空间的闭合感，阔叶或针叶越浓密、体积越大，其围合感越强烈。植物同样能限制、改变一个空间的顶平面。植物的枝叶犹如室外空间的顶棚，限制了伸向天空的视线，并影响垂直面上的尺度。当树木的树冠相互交冠、遮蔽阳光时，其顶平面的封闭感最强烈。空间的三个构成面（地平面、垂直面、顶平面）在室外环境中，以各种变化的方式互相组合，形成各种不同的空间形式。

第六章　优秀传统文化与高校校园文化建设

第一节　优秀传统文化对高校校园文化建设的影响

一、传统文化的内涵及中国优秀传统文化的基本特征

（一）传统文化的内涵

传统文化是指历史上形成的价值观念、思维方式、伦理规范、理想人格、审美情趣等精神成果的总和。其形成是一个积淀过程，包含的内容也极为丰富。传统文化因不同时代、不同人类群体而各具特色。传统又是一个社会的文化遗产，是人类过去创造的种种制度、信仰、价值观念和行为方式等构成的表意象征；它使代与代之间、一个历史阶段与另一个历史阶段之间保持了某种连续性和同一性，构成了一个社会创造和再创造自己文化的密码，并且给人类带来秩序和意义。

中国优秀传统文化正是中华民族在长期的历史发展过程中，由于特殊的自然环境、经济基础、政治结构、意识形态的作用而形成的文化积累。它不仅以程式化的经典文献、制度等客体形式存在，而且以独特的思维模式、知识结构、价值观念、伦理规范、行为方式、审美情趣等主体形式存在。

（二）中国优秀传统文化的基本特征

中国优秀传统文化具有无与伦比的生命延续力，具有同一性与多样性相统一的特点。就世界范围而言，只有中国按照自己的轨道不间断地运行到今天；而其他国家大都出现过断层，有的甚至走向消亡。中国文化历经艰辛，在数千

年的发展中经历了多民族、各地域文化的融合发展，以汉民族文化为主体、以中原文化为核心的中国优秀传统文化，逐渐融合其他少数民族文化和周围地域文化，形成了同一性与多样性相结合的发展态势。中国优秀传统文化体现了中华民族共同的心理素质，是整个民族精神面貌的体现。它对于民族的生存和延续产生了不可估量的深远影响，有着顽强的生命力，同时对于外来文化有着宽厚的包容性和强大的同化力，有力地维护了民族的独立发展。

二、优秀传统文化对高校校园文化建设的影响

（一）中国优秀传统文化中的校园文化思想

校园文化作为一种社会现象，早已存在于我国的优秀传统文化中，如私塾、书院倡导的"舍生取义"等儒家道义，便可看作中国最早的校园文化。我国优秀传统文化中丰富的校园文化思想，深深地影响着几千年来的中国校园。

1. 传统的校园环境建设

我国古代书院是私学的一个重要方面。"书院"之名始于唐代，当时有两种书院，一种是由朝廷设立的（官办的），主要用作收藏、校勘经籍和整理图书的机构；另一种是由民间设立的（私人办的），主要供个人读书治学的地方，这是真正意义的书院，相当于我们现在的校园。书院历经唐代、宋代等时期，从兴盛走向衰落，直至改为学堂结束。

书院大多选址十分讲究，依山傍水，环境幽静。书院建筑布局讲求整齐对称、风格统一；单体建筑追求格调高雅，有的气度恢宏；院内常有苍松翠柏环绕、长廊亭阁棋布，形成了具有鲜明特色的书院环境，其目的就在于通过周围山水自然景观的秀美和灵气，以及院内建筑、布局的人文氛围来陶冶学生的性情，塑造学生美的心灵。

2. 传统的教学管理制度

我国古代官学、私学都十分重视对学生的严格管理，制定和完善了一系

列有关规章制度，而尤以书院最突出。书院在发展过程中不断建立健全各种规章制度，以此来规范学生的言行，指导学生的"为学进德"，形成了"以严治校"的良好校园文化风貌。

3. 门户开放、百家争鸣的学术氛围

古代书院一般"开门办学"，开创了"讲会制度"，提倡学术争鸣，促进了校园学术文化的发展。在这样的学术文化氛围中，更容易培养学生自由的创造精神和兼容并包的学术胸怀。中国优秀传统文化的儒、墨、道、法等各学派同时并存，百家争鸣，对校园文化学术创新建设具有借鉴作用。

（二）中国优秀传统文化对高校校园文化建设的影响

中国优秀传统文化始终以不同的方式在不同程度上影响着一代又一代中国人的思想和行为。优秀传统文化是社会文化的重要组成部分，也是现代社会主体文化的源头，而校园文化作为社会亚文化，必然成为优秀传统文化之"流"。这种源与流的关系决定了当前高校校园文化中的许多思想和价值观念与传统文化有着千丝万缕的联系。优秀传统文化中的许多校园文化思想对现代校园文化有着很好的借鉴意义。同时，优秀传统文化固有的价值观念能对大学生素质的全面发展和高校校园文化建设的开展产生积极的影响。

1. 促进校园和谐人际关系

校园人际关系是校园文化精神的一种表现，良好的人际关系对学生有着潜移默化的影响，有利于促进学生学习成长、良好品德的形成。

优秀传统文化一个重要价值取向就是中正平和，在讲个体修养时，主张"贵和持中"。优秀传统文化强调的和谐的人际关系和社会理想，能保证社会是在一种整体和谐的状态下平稳发展。尽管当代校园人际关系的内容有所变化，但人与人、人与自我、人与社会的基本关系具有相对稳定性。可以说，倡导以"和"为内涵的新型人际关系准则，仍然是处理人与人之间交往的重要前提。

2. 培养学生的民族精神

优秀传统文化主张的仁义道德规范，可以塑造大学生的理想人格。正确

处理远大志向与眼前利益的关系、政治信念与物质享受的关系，要使眼前利益服从远大志向，绝不能为物欲毁掉政治前途，牺牲国家利益。发扬优秀传统文化的"为公"意识，可以使大学生摆正个人与国家、民族的关系，既要对自己负责，更要对国家和民族负责，做一个真正有社会责任感和健全人格的人。

3. 树立学生良好的集体主义观念和团队精神

集体主义观念和团队精神是校园文化的重要价值理念，它可以使校园生活充满活力，学校可持续发展。优秀传统文化的人际关系和谐统一思想，崇尚推己及人，设身处地、将心比心和己所不欲勿施于人，这种思想让学生懂得人人需要他人的帮助，能够引导学生关心他人，关心集体利益，在共同的学习生活中团结互助，形成良好的人际关系，这对于培养大学生的群体意识、协作精神和完善个人修养无疑具有重要的借鉴意义。

优秀传统文化的这种整体精神可以使当代大学生树立主人翁的责任感，以振兴中华为己任，为祖国富强而努力学习，掌握报效祖国的过硬本领。有了责任感，不再对个人得失斤斤计较，以宽广的胸怀积极接纳和介入集体意识，将有力地推动个人成长进程，有利于个人成长和社会进步。

4. 发扬学生自强不息的进取精神

现代社会的发展也要求大学生必须具有开拓进取的精神，要勇于面对困难，善于创造、积极创新。中国传统的自强不息精神对当代大学生树立挑战困难、开拓、进取、创新的人生观无疑会起到重要的作用。

在竞争日益激烈的今天，我们可以感受到优秀传统文化精神在校园里不时迸发火光，当代大学生的进取心不断增强。

5. 培养学生诚实守信的道德观念

中华民族具有诚实守信的悠久传统。中国传统的诚信思想经过不断归纳、总结，已成为中国传统社会中具有普遍意义的社会伦理道德规范和经世致用的重要原则。

6. 培养学生勤俭节约和艰苦奋斗的精神

中国人民的勤劳勇敢闻名于世，艰苦奋斗也是中华民族的光荣传统。我国传统文化典籍中许多以勤俭为内容的成语典故和诗词，深刻地表述了我国古代劳动人民的勤俭美德。中华民族这种崇高勤俭之风，已发展成为艰苦奋斗的优良革命传统。

（三）中国传统地域文化对高校校园文化的影响

中国优秀传统文化宏远博大，还因为它包含了许多地域文化。地域文化是整个地域中共有的一个文化模式，是综合一个区域地理环境、生物环境和历史变迁等因素后，使文化在空间结构中定位。中国是一个幅员辽阔的大国。在历史累积过程中，由于地域发展比较优势差异引起地域文化发展不平衡，各地独特的文化背景形成了各自的地域文化风格。

高校校园置身于地域文化氛围中，地域文化是高校校园文化的文化土壤和文化环境，必然潜移默化地影响校园文化。由于地域文化具有历史继承性和地域性，表现出连续性和相对性，因此，地域文化总会发生其作用，辐射影响校园文化。首先，一个校园的结构规划受到本地区制定的区域整体规划的约束，其建设必须在区域文化整体性结构要求下，发挥学校各项功能。其次，校园师生会无意识地接受地域范围内制定的各种制度、规范、伦理道德要求，如城市文明意识、个人公德等。最后，一些地域文化的精华如传统特色、风俗习惯、历史知识等会融入校园文化。

即使在全球化时代的今天，中华文化体系内的不同地区或地域内，文化的地域特色依然鲜明可辨。积淀于地域文化深层的文化个性和遗传基因仍然在持久地发挥作用，影响和规范着本地域人们的价值观念、性格特征、精神风貌和习俗风尚而保持着自身的独立性，依然对处于本地域的校园及成员产生影响。

第二节　优秀传统文化与高校校园文化建设的和谐互动

一、优秀传统文化对高校校园文化建设的促进

中国优秀传统文化蕴含着丰富的人文教育资源，哲学伦理、中国古代文献、科学技术、传统艺术、历史遗迹、民俗民风等内容丰富的中国文化都负载了大量的人文信息，具有巨大的人文价值，对校园文化建设具有积极的促进作用。

（一）优秀传统文化教育的主要内容

中国优秀传统文化的内容可谓丰富多彩、博大精深，涵盖了哲学、文学、史学、伦理学、教育学、医学、建筑学等众多领域，涉及个人、家庭、处世、治学、治国等各个方面。结合时代特征和当代大学生的精神需求，当前高校优秀传统文化教育的重点应该放在优秀传统文化基本精神的教育上。优秀传统文化的基本精神，具有历久弥新的顽强生命力，能够感染和熏陶大多数人，并为他们认同和接受，成为他们的基本人生信念和自觉的价值追求；具有维系民族生存发展，促进社会进步的积极作用。对当代大学生进行优秀传统文化教育时，可着重于以下方面。

1. 用"以天下为己任"的公忠思想，培养大学生的爱国主义情感

为进一步加强大学生的爱国精神，校园文化必将传统文化融入其中，进一步加强学校的爱国主义和民族精神教育，组织宣传学习爱国故事，组织纪念爱国运动等活动，让校园文化呈现高举爱国主义旗帜、弘扬爱国主义精神、朝气蓬勃的面貌。

2. 从"自强不息"思想中汲取精髓，培养大学生的竞争意识和奋斗精神

自强不息就是积极进取，坚韧不拔，永远前进。现代社会的发展要求大学生必须发扬开拓进取的精神，要勇于面对困难，善于创造，积极创新。

3. 从"仁爱""和谐"思想中汲取营养，营造大学校园和谐人际关系

和谐的校园人际关系是校园文化良性发展的重要保证。应充分利用优秀传统文化"仁爱""和谐"观念，引导学生开展团结友善、竞争合作的体验活动，培养大学生的集体观念、团结协作的精神，消除以自我为中心、自我封闭倾向，提倡谦和自律和成己达人的胸怀，创造和谐校园气氛，促进校园文化建设。

将传统和谐思想融入校园科研创新团队建设。随着科学技术的发展，科学领域中的很多学科形成了技术集成、知识融合、交叉发展的趋势，若要在某一领域有所创新和突破，个人的作用就会越来越小，成功的关键在于整体的合力。诸多新问题的解决绝非某一个专业可以胜任，而有赖于各种专业和社会力量的协同努力。不懂合作的人，就不懂真正的竞争，最终会在强手如林的世界丧失竞争力和发展机遇。因此，大学校园中各种科技创新、科技攻关、学科建设都需要加强团队精神和集体合作。

4. 发扬传统的科学精神，创造学习型校园文化环境

培养科学精神就是要增强学生的科学伦理意识，掌握科学道德规范，摒弃各种学术腐败，树立科教兴国思想和献身科学、为祖国人民争光的奉献精神，培养学生的科学探索精神，营造校园的科学氛围。随着教育改革和经济发展进程的加快，高校的可持续发展及其具有的竞争力，要求校园文化更注重学习型环境的形成。学习型校园文化是促进师生和学校自身发展的动力，它要求师生将学习作为自己生活和工作的基本态度，使工作和学习一体化，在学习中追求生命的价值。培养创新能力也是学习型校园文化的重要特征，只有不断创新，才能适应时代要求。

（二）加强大学生优秀传统文化教育的途径

根据优秀传统文化的特点，结合大学生对优秀传统文化认识与掌握的现状，应该从多方面、多途径加强大学生的优秀传统文化教育。

改革课程设置，加大人文学科课程的设置幅度。要培养全面发展的人才，使大学生具备良好的人文修养，必须改变教育思想，更新教育观念，增加人文学科的课程设置，构建新的课程体系。各学科要结合学科特点选择相关传统文化的内容，如开设中国优秀传统文化、当代中国文学、历史、环境保护与可持续发展等选修课程，提高大学生的人文素质；开设一些经典作品课，让大学生在感悟经典中接受精神力量。

注重专业教学中优秀传统文化的人文渗透。中国古代教育培养和造就的是全面的人格，与之相适应，在内容上规定为"礼、乐、射、御、书、数"——"六艺"，既包括人文素质教育，又包括技能训练，即文化与技术相辅相成。而目前高校特别是理工院校专业忽视人文教育，只注重专业技术的培养。在专业学习中加强优秀传统文化人文精神的渗透，促进科学教育与人文教育的融合，不断提升大学生的人格、气质、修养等内在品质，引导大学生正确处理人与人、人与社会、人与自然的关系，促使大学生全面发展，是现代社会对专业技术人才具备人文素质和提高文化品位提出的必然要求。

组织文化内涵性强的文化活动。可组织学生观看有关优秀传统文化方面的电影、电视、录像，参观革命遗址，并引导学生对有关问题展开讨论，进一步深化认识；利用歌舞、话剧等文艺形式宣传中国优秀传统文化；开展中国优秀传统文化知识竞赛，使当代大学生在这些活动中潜移默化地培养自己的文化素质；充分利用春节、端午节、中秋节等传统节日、重要事件和重要人物纪念日，开展主题会议，把中国优秀传统文化渗透到丰富多彩的校园文化生活中，使学生在没有任何压力的情况下受到良好教育和熏陶。

依托本地人文底蕴，整合地域文化资源，开展教学科研及社会实践活动。地域文化内涵丰富，包括人文精神、道德风貌、民风民俗、社会心理、英雄史迹、杰出人物、文明遗迹、自然景观、经济特产等。优秀的地域文化以其独特的内容和形式，从不同侧面反映着中华优秀传统文化以及在现代社会的文化发展成果。大学校园处于某一地域，这一地域拥有的名胜古迹、文化景观、遗址文物、英雄烈士、乡贤学士及其作品与精神产品，都是大学开展爱国主义教育取之不尽的绝佳素材。大学应有计划地开展师生在本区域内的教学科研及社会实践活动，激发师生特别是大学生高尚的爱国主义情感和服务家乡现代化建设、报效祖国的奉献精神。

二、高校校园文化建设对优秀传统文化的弘扬

校园文化以其特有的功能不断继承和弘扬本国的优秀传统文化，使各国文化得以延续。中国古代的书院文化曾经代表了中国古代的主流文化，对中国优秀传统文化的传播和发展做出了重要贡献。校园文化因其文化主体的独特性、批判性、创造性，文化指向的超前性，文化成果（科学论著、艺术作品等）的社会性，文化产品的回归性、能动性，成为优秀传统文化发展的积极推动力，促进优秀传统文化的变革与发展。

（一）高校校园文化对优秀传统文化的超越

高校校园文化要超越传统，反映时代气息。第一，高校校园文化受到优秀传统文化的影响，必然对其进行甄别和筛选，有选择地认同那些促进校园文化发展的优秀传统文化，并在此基础上进行整合和超越。第二，高校培养的是适应现代和未来社会发展需要的高素质人才，仅依赖认同和吸收优秀传统文化是远远不够的，还必须吸收其他社会文化及外来文化的优秀成分，为己所用，超越传统。第三，校园文化对优秀传统文化的认同与超越是校园文化自身发展的需要。优秀传统文化是文化生存的文化氛围，而大学作为文化传承的主要机构，正是通过对优秀传统文化的认同与整合，形成和发展自身特有的校园文化，进而感染和熏陶学生，完成传承优秀传统文化的职责。

（二）高校校园文化对地域文化品位的提升

地域文化作为优秀传统文化的组成部分，与当地高校校园文化有着内在

的必然联系。大学受地域文化的影响，因其植根于地域土壤中，从其建立、建设发展无不打上地域文化的烙印，是在地域文化的熏陶下成长的。其必然以当地的社会文化为背景，折射和反映主体文化的民族性、传统性和时代性，同时，校园文化不断吸收、批判、创造，反映了大学的精神面貌，有着自身独特的魅力，也成为地域文化的标志，对地域文化的建设具有强有力、高层次的辐射作用。

高校校园文化展示一座城市的精神面貌。第一，大学校园是一个以教育为主要社会职能的社区，活动于其中的人群是大学的员工和学生。他们的活动方式既有课堂内、实验室内的教学、科研活动，也有课堂外的学术交流、社团活动、公益劳动、人际交往、日常生活、闲暇娱乐等。在这样一个具有良好氛围的教育环境中，生活在其中的人在身体、心理、精神等方面均受到了良好的熏陶，在日常生活的潜移默化中升华了自己的心灵。第二，大学生经常跨出校园，将其校园文化活动推广至社会，他们具备的知识水平、精神追求、理想信念、伦理道德、风俗习惯等，在一定层面上代表着城市的精神面貌，展示着城市市民素质的先进性。一个大学云集的城市，尤其是大学校园所处的地域，会显示出比其他地方更高素质、更具活力的文化氛围。第三，以人力资源角色走向社会的大学生，以他们高素质的修养给社会文化的发展和城市精神的建设注入新鲜活力的同时，又对市民产生"榜样角色"的影响。

高校校园文化积极推动社区文化的发展。高校校园内的师生用自己有关社区文化的科研成果，丰富社区文化的知识层面、精神层面，发展提高社区文化。由于大学校园处于特定的社区范围内，师生具有了"天时、地利、人和"的条件，通过发表文章、撰写著作、报告讲学、科技咨询，先将自己的研究成果推向本地区，"以高尚的精神塑造人，以优秀的作品鼓舞人"，提高了人们对社区文化的认识，提高了人们的文化层次。高校通过培养的大学生文化主体，服务、影响社区文化。大学生走出校门进入社会，不仅带着所学的专业文化知识技能，而且带着对社区文化的理性认识和深厚情感，成为社区文化的建设者和传播人，用自己创造性的劳动为创造、繁荣、丰富社区文化服务，将他们的文化知识、生活方式、行为习惯传播于社会，使他们自身具备的综合素质产生应有的社会效应，这无疑对现代社区文化的重构起着重要作用。

第七章　高校校园网络文化建设

第一节　网络时代的文化生态

在互联网基础上产生的不仅仅是新技术、新经济，还是一种新文化。由于这种新的文化形态是在一个前所未有的载体上发生，又是以一种全新的界面出现在人们面前的，对传统文化范式而言是一场脱胎换骨式的转变。因此，有必要认清这一新文化范式的特点，分析网络时代传统文化的生态，考察两者之间的关系，进而保证我们对高校校园网络文化和网络时代校园文化的分析在理论与实践层面有所依托。

一、网络文化及其特征

网络文化，是指以计算机技术和通信技术的融合为物质基础，以发送和接收信息为核心的一种崭新文化。网络文化是由网络经济这一全新的生活方式引起的、以网络构成和信息交流的全球普遍化与实践操作的高度技术化为基本特征的信息文化。尽管不同学者对网络文化的定义存在差异，但都指出它是信息时代的崭新文化形态。

从广义上说，网络时代的网络文化是以计算机为标志的，包括生产方式、生活方式、交往方式、思维方式等在内的文化现实。从狭义上说，网络时代的网络文化指数字化的传播、生存方式及其过程的结果。因此，本质上，网络文化可以有两个方面的含义，即网络的文化特性和文化的网络形态。网络文化的科技与人文、一元与多元、开放与封闭、自由与规范、利己与利他、虚拟与现实、理性与价值、传统与创新、个人与社会等要素之间的张力，构成了网络时代一系列对人类具有本质性影响的机遇和挑战。

归纳一些研究者的看法，网络文化的特征主要体现在以下几个方面。第一，现实文化与虚拟文化的兼容。第二，文化信息全球一体化与文化本体个性化的统一。第三，文化开放中的平等性与共享性。第四，文化消费与文化生产的共识性和同一性。除此以外，网络文化还具有两个重要的功能，这是由它的特征决定的：其一，网络文化推动人性回归与人文重建；其二，网络文化孕育和构筑新型"文化社区"。

二、网络文化与网络时代的文化

网络文化的重要特征和功能，决定了它必然与网络时代的人类其他文化形态产生互动。

网络文化与网络时代文化的互动，正在产生并已经产生许多引人关注的结果，主要表现在四个方面。

一是带来平等的欢乐与自由的烦恼。信息网络技术突破了传统文化固有的等级观念、时空观念和媒体限制，给每个普通人与世界同步发展的机会。网络时代带给我们的不仅是文化的平等，更有放任自流给传统法律法规带来的无奈和烦恼。在形形色色的网络信息中，既有肆意传播的不良信息，也有网络操作中防不胜防的黑客侵入或病毒攻击。网络文化令人称道的开放、自由在此付出了沉重的代价。

二是促进地区间、国家间文化交流。网络把文化交流的自由空间下放给了每一个普通百姓。只要人们愿意，就可以随时利用互联网的即时通信软件把自己的所思所想，自己的欢乐和悲伤告诉远在千里之外的亲朋好友。毫无疑问，这将为进一步增进世界各国、各地区、各民族之间的相互了解架起新的桥梁。

三是加快全球经济一体化进程。网络文化与传统文化、民族文化的互动，使世界各国一面加快本国网络化、信息化的建设步伐，一面积极参与全球性经济竞争，不断加强各国网络间的信息联系。通过电子银行网络、电子商务网络等方式开展全球性的经济贸易活动，这种以电子网络为基础、以信息化为目的、以全球化为结果的经济活动，充分体现了知识经济的两个显著特征——信息化、全球化。因而，网络时代的文化冲突对促进全球经济一体化的进程，加快知识经济时代的到来，起到推动作用。

四是催生新的文化现象——网络语言和符号。网络文化是信息时代的产物。传统文化中，人们为了消除文化多元性造成的语言、文字交流障碍，不得不借助掌握多种语言、文字的特殊人才——翻译。这其实有悖于信息时代便捷、高效、通畅的信息交流原则。因此，人们要创造新的文化传播媒介——网络语言和符号。这是网络时代不同文化互动的必然结果。它既保护了信息时代各民族的文化特性，也使不同语言、文字的网上信息交流更加方便，同时在一定程度上遏制了"文化霸权""文化殖民"的倾向。

世界文化原本就是多元性的，网络时代更是如此。探讨网络时代文化互动的目的强调重视不同形态文化的冲突、碰撞、融合。在网络时代，面对崭新的网络文化的影响和挑战，必须保持清醒的头脑，不媚外、不自傲，在"扬"与"弃"的基础上，丰富和发展自己的民族优秀传统文化，丰富和发展新的时代文化。

第二节　网络文化背景下的高校校园文化

互联网早已进入高校校园，深入教学、科研、学习、服务等各个领域，在推动教育改革发展、促进思想文化交流、丰富师生精神生活等方面起到了积极作用。大学校园早已不是独立于社会之外的"象牙塔"，互联网已经成为中国上千万大学生学习知识、获取信息的重要渠道，交流感情的重要场所。网络影响着当代大学生，影响着大学的教学、科研和发展、建设。因而，以发展的眼光积极关注网络时代的校园文化建设，及早地分析和预见网络发展对大学校园的影响并采取有效的对策，对于创建与网络时代和谐一致的大学校园文化具有积极的意义。

一、网络文化对高校校园文化的冲击

网络文化对高校校园文化的各个层面产生了影响。

第一，网络文化重塑大学生的学习方式和学习环境。一方面，网络文化对学习思维方式的变革产生影响。网络文化是兼容性极强的文化，具有多媒体的思维方式，它改变着传统教育观念、教学思维的内涵，将逐渐打破以教师为中心的传统班级授课模式，而代之以学生学习为中心、以个性化教学为模式的新的教学格局。随着高校校园网络的不断发展和网络信息技术的不断更新，根据学习需要自己确定学习内容、学习时间、学习设备的"无年级课堂""无年级学校"等新型教学组织形式将会不断产生，善于使用互联网的教师和学生，可以变被动学习为主动学习，变封闭教育为开放教育。另一方面，在培养学生的创新意识方面，网络文化提供的空前优越的文化环境，也是其他文化环境无法比拟的。网络创造出一种真正的学习社会或"学习共同体"，可以在任何时间、任何地点提供一切学习途径，使教育环境具有人性化，而且充满乐趣，有助于教师监控、评估和指导学生的操作，也有助于教师用更多精力和时间满足学生显示出的个人需要。而利用强大的网络软件或平台提供的各种功能，大学生能更充分地展示自己的创造能力，从而增强自己学习的积极性、主动性，更有效地激发自己学习过程中的创新意识。

第二，网络文化改变高校校园文化主体的参与方式。网络的发展使校园文化主体的参与方式呈现出新的特点。

虚拟中的平等交往。网上交往最大的特征在于虚拟性。虚拟中的交往是平等的，可使大家畅所欲言，具有极大的吸引力，这与学生对传统的基于"教师""学生""干部"之类等级和角色分工的活动普遍缺乏热情形成了鲜明对比。

多样中的自主选择。互联网是一种多层次、多形式、多方向的复合型或混合型文化，能最大限度地适应广大网民的不同品位，满足不同的价值选择及心理爱好。因此，校园网有如琳琅满目、五彩纷呈的超级市场，参与者成了手提方便袋的购物者。自主选择不是网络的专利，但在网上表现得尤为突出，首先在于网络卓越的"集约功能"，将多种形式、类型、品位的文化搜集起来，并通过一个个视窗将其集中展现在"消费者"面前。其次，网络使活动参与变得极为方便，鼠标一点即可轻松参加虚拟状态下的讨论，优越性显而易见。最后，网上参与消除了时空、行业、部门等种种限制，凭小小鼠标，任何时刻都可以抵达任何想去的地方。这些特点为自主选择提供了极大方便。

开放中的大众参与。互联网是开放的，首先，它要面向世界，包括校园网在内，任何站点都是世界网络中的一个"关节点"。其次，它要面向"未来"，要满足信息不断更换和时刻刷新的要求。最后，它要面向大众，通过密如蛛网的网线和多如繁星的终端最大限度地吸收广大群众。互联网文化的主体是大众，这显然不同于传统的"精英"文化。校园网的发展不仅使绝大多数学生共享了校园文化的繁荣，也为他们积极参加网页制作、版面讨论、聊天交流等网络文化活动创造了条件。

自由中的个性展现。网络多媒体技术的发展也推动了校园文化的创新。从中国教育与科研网来看，各高校都不遗余力地利用网络展示自己的特色面貌。走进大学校园网，各部门、各社团、各班级以及个人网页精彩纷呈，以鲜明的个性吸引着访问浏览者。利用版面发帖、网上聊天等形式，网民的个性也得到了充分张扬和显现。

第三，网络文化冲击主流校园文化的具体形态。一方面，高校校园文化的发展广泛受到网络观念的影响，开始借助于"网络的魅力"，实现大量、快速的传播，推动了校园文化现代化的进程，加快了校园文化和现代社会先进文化融合的步伐，校园文艺、社团活动、德育教育、社会实践等传统校园文化建设的内容日益依赖以校园网络为载体和媒介蓬勃开展，实现了"网外"与"网内"紧密相连，如校园舞台剧的网络题材和网络语言日益丰富、校园社团活动的网络平台和空间日益增加等。另一方面，在传统校园文化中的各种文化形态，诸如文学、艺术、体育等许多校园文化活动的吸引力和影响力逐渐减弱。由于网络文化庞杂新鲜，一些大学生沉湎于网络生活，不愿积极参加传统文化社团和现实文体活动，从而使校园文化主流形态的组织、活动和发展受到冲击。

第四，网络文化刷新校园文化与社会文化的互动关系。校园文化是与社会文化相对来说的，社会文化的适用范围指大学校园以外。尽管校园文化与社会文化有着千丝万缕的联系，但校园文化具有自己的独立性。然而，网络文化的迅猛发展却使校园文化与社会文化的这种关系发生了变化。

校园文化与社会文化以及校际文化之间的交流不断增多。借助网线，校外网民可以方便地登录校园网，除获得招生、专业设置等信息外，还能参加聊天之类的网上活动。与此同时，校内师生也以校内服务器等手段方便地登录校外网站，从事查找、下载、观光、社交之类的活动。这种方便、大规模、远距离的文化共享活动只有在网络化时代才能实现。除网际文化交流外，校园网与纸质、电视等传统媒体在内容、节目转播、活动等方面也存在着密切联系。因此，传统校园文化的独立性、封闭性特征相对减弱，这种情形与网络化时代经济全球化、文化一体化趋势是一致的。从中也可看出，文化一体化和多元多样化的矛盾在网络时代进一步加剧了。

社会文化对校园文化的影响度空前加大。伴随网线的穿墙而过和校内外文化交流的增多，校园文化的社会属性也在日益增强，传统的校园特色或独立性则有一定程度的减弱。因为，校园文化不能独立于社会文化之外，它必然受到社会文化影响，校园网的作用就是加大了这种影响程度。

校园文化对社会文化的辐射作用持续扩大。校园网是社会文化登陆校园的桥梁，也是校园文化走向社会的大门。校园网与互联网实现连接本身就是校园文化通过网线走向社会的一种标志。校外网站及媒体对校园网文章的转发、网上文化交流等都是校园文化走向社会的表现形式。网线的延伸在一定程度上扩大了校园文化的辐射空间，突出的例子就是基于网络进行的教育、招生、考试等活动。方兴未艾的远程教育使高等教育突破校园围墙和地域限制，使教育对象的数量和范围都空前扩大，这种崭新的教育方式在对传统教育文化产生重大影响的同时，也源源不断地把高校校园文化传向四面八方，发挥文化先锋、知识堡垒的作用。

二、网络文化背景下的高校校园文化建设

网络文化对高校校园文化尤其是精神文化的影响是巨大的，从高校校园文化发展来看，网络已为校园文化提供了一种全新的物质技术环境，已经成为校园文化建设的重要手段。面对网络给高校校园文化建设带来的挑战和机遇，必须认真加以研究，与时俱进地进行调整，趋利避害，牢牢把握高校校园文化建设的主动权。

第一，始终坚持校园文化建设的社会主义方向。文化是人类行为的主要决定因素之一，起着一种造就人和情境的重要作用。在未来的信息化校园中，网络文化价值的影响力将会大大提高，传统校园文化将会在与网络文化的冲突、对抗中，根据自身的需要吸收、融合网络文化的优秀成分，从而形成网络时代新的校园文化格局。网络文化的特殊价值将会吸收校园文化的普遍价值并得到广大师生的认同，汇入校园主流文明文化。要使网络文化真正成为校园主流文化的重要组成部分，重要的是根据网络自身的特点给其明确定位，以便在信息化校园建设中，使网络文化一开始便步入健康、文明的发展轨道，成为传播先进文化、主流文化的阵地。要弘扬时代主旋律，紧跟时代步伐，

体现时代精神，讴歌时代的真善美，引导校园文化向健康、高雅的方向发展。要通过教育，不断提高青年大学生的政治素养和是非鉴别能力，自觉抵制消极、腐朽思想的渗透和影响，抵制低级文化趣味。

第二，努力强化校园文化的全员共建意识。高校校园文化的核心和实质是人的发展，它以文化为载体，着眼于精神建设，直接服务于人的全面发展。良好的校园文化不仅使生活在校园中的每一位师生受益，而且可以降低网络发展带来的负面影响。因此，高校必须强化全员共建校园文化的意识，只有全体师生员工共同参与，努力在教学、管理中做好本职工作，才能营造浓郁丰厚的校园文化。

第三，大力加强和改进大学生思想政治教育。先进的校园文化必须把加强和改进大学生思想政治素质放在重要位置。注重校园文化的育人功能，建设体现社会主义特点、时代特征和学校特色的校园文化，发挥校园文化在思想道德、行为规范、学习态度、生活方式等方面的教化作用。同时，尤其要注意将大学生思想政治教育与网络结合起来，推进网络思想政治教育，在方式方法上有所创新。

第四，持续培养优良的校风和学风。校园文化的核心是群体主导价值观，它主要体现在学校的校风、学风中。校风和学风是一种具有很强感染力的潜在教育力量，可以有效消弭网络文化带来的负面影响，最能影响整个学校生活，也最能反映学校的校园文化建设水平。培养起良好的校风，会使学生从心灵深处受到感染，产生校风趋同的心理倾向和适应校风、学风要求的自觉意识。要特别注意树立良好的校风和学风，树立良好的校风、学风，需要通过学校师生锲而不舍、持之以恒的努力，尤其要善于利用网络平台开展持续性的校风、学风教育活动。

第五，着力美化校园环境。校园环境是学校的外在形象，也是校园文化建设的物质基础，具有教育性和艺术感染性。美丽浪漫的校园，风格独特的建筑，优雅宁静的庭院，经典别致的雕塑，宽敞明亮的教室，整齐清洁的宿舍，绿树成荫、鲜花盛开的林间小路，都可以使人身心愉悦。建设好学校物质环境，能使其发挥净化学生心灵、陶冶学生情操的教育功能，起到环境育人的作用，使广大学生在潜移默化中受到熏陶，积极向上的情感得到激发，从而形成优良的气质。

第六，积极开展丰富多彩的文化活动。网络时代并非网络一统天下。校园文化健康发展仍然要组织丰富多彩的校园文化活动，以缓解和消弭网络文化带来的负面影响。开展校园文化活动，既要力求高品位、多层次、重参与、求实效，又要注意对思想意识类、科学知识类、文化娱乐类等各类活动的分类引导，以增强活动的针对性；既要突出重点，组织好全校性的主题活动，每学期可安排一次参与面广、规模比较大的文化活动，重点活动重点抓，以重点活动带动全校的各项活动，又要抓好常规性活动，这些对于提高学生综合素质，强身健心都有着较大的促进作用。

第七，充分利用网络资源丰富和发展校园文化。网络文化和技术为高校校园文化建设提供了新的方法与手段。课外学术讲座、报告会、知识竞赛、演讲赛、墙报、专刊、各种寓教于乐的活动以及社会实践，是进行高校校园文化建设的传统方式。在网络环境下，传统方式存在诸多局限性。网络技术的普及，无疑为校园文化建设开辟了新的途径，提供了新的方式和手段。网络可以且必然成为高校校园文化建设的崭新载体，如网上宣传队、网上讲座、电子信箱等，为高校校园文化建设注入了新的活力。只要因势利导，充分开发和利用，就可以形成蓬勃向上的校园文化氛围。

第三节　高校校园网络文化建设

一、校园网络文化的界定与特征

　　作为社会先锋堡垒的大学校园现实空间与网络虚拟空间密切联系、相互交融，促使高校在网络应用和建设方面始终走在社会最前列。一方面，越来越多的高校把建设网络化、信息化校园作为重要的发展目标，网络技术的应用和建设全面地深入高校的教学环节、科研活动、行政管理和后勤服务等各个方面，广泛地关联着高校的教学、科研和正常的管理运转；另一方面，近年来，网络信息时代的每一个新生事物、新媒介和新鲜变化，总是最先在思维活跃、创新频生的高校师生群体中得到使用，成为他们学习、生活和人际交往的一部分。可以说，网络活动已经成为高校校园生活方式的重要组成部分，网络文化也必然成为高校校园文化生活的组成要素。这种网络文化与高校校园不断结合、紧密互动，便孕育出高校校园网络文化。

　　高校校园网络文化的概念内涵可以有两种理解：一是信息时代网络背景下的校园文化，二是基于网络技术和网络文化的校园文化。前者是对校园网络文化的广义理解，包括所有与网络直接相关的校园文化部分，关注的是在信息化、网络化的社会背景下，传统校园文化从理念到内容、手段、机制与组织方式如何发展、如何调适、如何创新、如何与时俱进，是新时期校园文化体系的全面构建问题。而后者是校园网络文化的狭义理解，仅指与网络使用直接相关，内容不属于传统校园文化范围的"新生"文化部分，关注的是网络作为校园文化建设的新阵地、新工具、新方法，相应产生的新任务、新目标，是校园文化体系的局部构建问题。

　　从高校校园文化发展建设的具体实践看，上述两种理解是交织在一起的；

117

从高校校园文化发展建设的理论研究来看，这两种理解处于不同层次，校园网络文化的广义理解是狭义理解的基础和前提，而狭义理解是广义理解的具体化和操作化，以两种理解进行定位的理论研究缺一不可。但是，就本章的命题而言，主要指后一种理解，重点关注的是信息时代的知识资源、价值观念、虚拟规则、网络语言在校园平台上延伸、拓展，对校园群体的价值理念、思维能力、人格心理、人文情感以及语言表达发生作用和影响，进而整合形成的具体文化系统。

校园网络文化从根本上说也是一种工具，不过这种工具附加了新型的网络技术。因此，与网络文化及校园文化相比，校园网络文化具有较大的独立性，它不同于传统意义上的校园文化，更有别于社会范围内使用的网络文化。那么，校园网络文化与校园文化之间是一种什么样的关系呢？

从性质上说，校园网络文化与校园文化是一致的，因为它们都是以培养社会主义建设者和接班人为目标，都包括政治思想、科学技术、文艺体育等内容，都具有导向、发展、调适、凝聚、辐射等功能。从范围来看，校园网络文化从属于校园文化，前者是后者的重要组成部分。从发展来看，传统意义上的校园文化不包括网络方面内容，校园网络文化是校园文化在网络时代新的发展。

作为校园文化的组成部分，校园网络文化在校园文化中的地位如何？一提到文化组成，马上就会联想起主流、非主流等概念，涉及校园文化方方面面，就有教师、学生、学习、休闲、文艺、体育等许多种按照不同标准划分产生的具体文化形态或组成部分。与一般校园文化形式或组成不同的是，这一切几乎被一"网"打尽，校园网络文化的范围因此而异常广泛，很难被划分成"网络形式"或"网络部分"，因此，校园网络文化独立性更强，地位更突出，在知识经济时代的校园文化中所占的地位和所起的作用都极为突出，若比较上网学校与未上网学校校园文化发展水平，就能更好地理解校园网络文化在整个校园文化中地位的重要性。正是基于此，许多研究者认为，校园网络文化建设是整个校园文化发展的大方向。

在这个意义上，我们认为，除具有网络文化体系和校园文化体系普遍具有的基本特征外，校园网络文化必然具有大学校园与互联网交融互动的新痕迹和新烙印，从而具有一些鲜明的个性特征。必须强调，这些特征是前述两个方面具有新意义的整合，而不是它们相关性的简单罗列与叠加。

第一，多元性与主导性的整合。由于网络文化体系的全球高度开放性，高校校园网与国内外互联网紧密相连，东西方思想文化在此相互激荡和激烈碰撞，从而使校园网络文化呈现信息广泛性和意识形态复杂性，加之现阶段中国高等教育改革逐步深化，办学形式和主体多元化，就业方式和途径多样化，高校师生在价值取向、知识结构、志趣追求等方面存在的差异有扩大化倾向，使得校园网络文化又呈现价值多元性。同时，高校"办好人民满意的教育"的性质以及"培养人"的根本任务，决定了校园网络文化必须具有先进性和主导性，即要成为校园主流文化的重要组成部分，要培养社会主义事业的建设者和接班人，要树立社会主义荣辱观，要传承和创造先进的思想文化。

第二，科学性与思想性的整合。高校是先进思想和文化的创造源，也是科学和学术的集散地。高校校园网络文化凝聚着师生的智慧、知识和创新，体现着较强的科学和民主精神。同时，校园网络文化的主体群还具有精神境界较高、思想较为敏锐、主体意识较为自觉、理性思考较为深刻的特点。

第三，动态性与可塑性的整合。高校校园网络文化以信息的实时、开放、多媒体联合为显性特征，其文化内容在存储与更新、积淀与发展上具有迅捷、速变、海量等动态特点。同时，网络文化消费和生产的共识性，又深刻地、全方位地影响和改造着师生的价值取向、生活方式、思维方式等，使高校校园网络文化的主体既处于不断被塑造的状态中，也处于不断塑造其他客体的状态中。

众所周知，高校校园文化建设是社会主义精神文明建设与社会主义和谐社会建设的重要组成部分，也是一项庞大的系统工程，涉及高校发展建设的方方面面。我们认为，校园网络文化这一全新命题，是高校校园文化建设在特殊时代和背景下的延伸表现，也是信息时代网络文化在特殊群体与环境中的集中反映，它既属于一种网络子文化，也属于一种校园子文化，可以说是时代与空间俱进、交融的产物。高校校园网络文化的孕育和形成，为校园文化建设的系统工程提供了全新的着力点和发展空间，是一种机遇，也是一种挑战。基于此，我们对高校校园网络文化进行系统性的功能定位。

第一，校园网络文化是传播先进文化的阵地。校园文化凭着学术自由、文化创新和追求真理的特点一直在中国的文化建设中发挥先锋作用。校园网络文化是网络时代的产物，具有校园文化和网络文化的普遍功能，并因信息传播方式公平、公开、实效、交互的独特魅力而成为传播高校先进文化的阵地。它把学生的思想触角伸出了校园，引入了广泛的社会领域，弥补了原有校园文化覆盖面不广的缺陷；也为更大范围内开展学生思想教育工作提供了广阔的空间。在网络中，教育工作更容易做到面对面交谈，从而增强了说服力；也打破了原有的地域界限，吸引更多学生参与网络文化建设。在他们进行信息浏览、信息发布、电子商务、人际交往、游戏娱乐等活动的过程中，校园网络文化发挥着潜移默化的作用，影响着他们的价值观，刺激他们的求知欲，增加他们求知的途径和方式，实现了"不出校门"的社会教育。

第二，校园网络文化是促进大学精神形成的平台。中国高等教育正从数量时期全面进入一个质量时期，高校将从注重外延发展到打造内涵实质，其中最有代表性的就是大学精神。大学精神既是大学前进的动力，也是大学发展积淀的精髓与灵魂，更是高校培养人才的气质标签和获得社会认同的重要指标。大学精神体现在大学教育上，就是科学教育和人文教育。校园网络文化的发展，使大学精神在科技性和国际性方面有了更全面、直观的凝练和展示。此外，校园网络文化更是培养科学精神和人文精神的沃土。师生运用最先进的网络技术进行科学研究和探讨，产生思想的碰撞，更公开、公平地为学生提供学习机会。师生可以个性张扬地在论坛中发表见解，而校园网络文化具有的教育功能则在潜移默化中引导着大学校园网络气质的走向，促进了大学精神的形成。

第三，校园网络文化是协调师生全面发展的家园。大学教育的最主要目标就是寻求人的全面协调发展，具体涵盖了德、智、体、美等方面。以往传统的校园文化通过氛围营造、传统熏陶等承载了师生全面发展的需求，校园网络文化除了具有校园文化的普遍功能外，还具有思想性、娱乐性、学术性、服务性的特质，在获取信息、互动交流、强化自我、价值重塑等几个协调师生全面发展的主要方面起着特殊的作用。它的兴起与发展改变着大学师生的思维方式、价值观念、精神世界。在这样一个文化空间里，师生可以充分利用网络的虚拟性特征进行交流和研究，可以利用庞大的信息资源培养创造力、信息制造能力、自由平等意识和诚信意识。而校园网络文化以人的自由、和谐、全面发展为宗旨，提供了各取所需、各得其所、各司其职、各有所好的科技手段和精神融会园地，为师生的全面发展提供了最具包容性的家园。

第四，校园网络文化是学校整体发展的助推器。在高校，"全面、协调、可持续发展"具体体现为办学理念先进、办学资源优越、师生协调发展、管理科学先进。在高校寻求整体大发展的过程中，校园网络文化就因为其具有的高科技性而发挥着重要作用。比如，在体现着教育信息化程度的数字化校园建设过程中，校园网络文化作为重要组成部分，在校园网建设、网络资源建设和远程教育方面起着推动作用。资源的数字化存贮与获取使数字化校园的资源优化；虚拟性和地域上的开放性使学校的教育影响力和辐射力穿越围墙，渗透到世界的每个角落；而载体的流动性和人际的平等性则使学校能听到更加真实和丰富的声音，为学校的整体发展建言献策；知识更新上崇尚"新、快、博"的饥渴状态使学校在进行人才架构、科研创新、教学内容、管理水平上都要及时加油，保持适度的张力。

二、构建先进、和谐的主流校园网络文化

构建先进、和谐的主流校园网络文化，必须首先从理念上坚持六个原则。

一是把握正确方向。要以政治家的眼光，建设校园网络文化。建设校园网络文化的首要原则就是把握正确的方向，这是构建先进的主流校园网络文化的前提。

二是尊重主体个体。充分尊重大学生作为校园网络文化主体的地位，加强理解和关怀。作为校园网络文化中的主要受众群体，大学生在参与和开展网络实践活动中具有独立意识，具有控制和驾驭网络的能力，以及根据自己

的需要能动地选择网络资源并创造性地参与网络各项实践活动的能力。因此，校园网络文化建设应定位于充分发挥大学生主体的内在动力，唤起和激发其内在的理性需要。只有尊重大学生的主体地位，才能使他们获得自尊、自信的网络情感体验，才能促使他们在网络上保持对自我、对他人、对学校、对国家和社会的责任感。抓住网络的平等特点，理解大学生的网络主体行为，关怀大学生的网络主体意识，摒弃传统的居高临下的教育态度，使其主体意识实现理性化，保持在有序的网络限度和虚拟规则内。这是构建先进的主流校园网络文化的基础。

三是积极因势利导。中国优秀传统文化强调"因势利导"的教育理念，同样值得在构建主流校园网络文化过程中借鉴。因势利导，因变化而调整，化被动为主动，有针对性地实现校园网络文化主体的合理需求，使校园网络文化主体从教训中吸取经验，从问题中看到希望，从纷繁复杂的网络文化浪潮中增强道德认知、辨别并择善而从的能力，可以收到事半功倍的效果。这是构建先进的主流校园网络文化的关键。

四是重塑人文精神。以建构主流校园网络文化为契机，重塑高校校园文化中的大学精神和人文精神，实现人的全面发展，完成高校"培养人"的根本任务。要把校园网络文化作为校园主流文化的重要组成部分，作为一项塑造与提升大学精神和人文精神的人文价值工程，把它带来的对年轻群体的自主性、自由个性和个人创造性的张扬，上升到元理论的层面加以重视。

五是注重继承创新。网络环境虽然打破了传统的信息传播模式，却难以彻底改变校园文化建设固有的规律。大学的历史积淀和丰富的文化底蕴是必须继承和发扬的，要创新的是网络文化的流通模型和方式方法。要将传统文化传播方式与新型文化传播方式，实在性与虚拟性有机结合，使其不断与时俱进，与整个高等教育的发展形势相适应。

校园网络文化建设是一个系统工程，具有多侧面、多角度、多层次的特点，它的建设和发展既要有正确的指导理念和原则，又要有系统的操作方式和努力途径。结合各高校近年来的实践，在思路正确的基础上，具体还要从以下几个层面着力。

第一，确定全面系统的校园网络文化建设战略，并将其作为整个校园文化建设的重点工作。

当前的大学校园网络文化建设，尚存在重硬件轻软件、重形式轻内容、重"有"轻"用"等诸多问题。担负着弘扬先进网络文化、形成正面舆论强势的重要使命的校园网，由于"文化"气息不够浓而缺乏亲和力，而许多内容丰富但缺乏监督、鱼龙混杂、信息发布随意自由的各类自由网站却人气很旺。而要形成和谐发展、内容健康、布局合理的校园网络文化，就必须对校园网络资源进行整合，使以校园网为代表的校园主流网络文化更加人性化，以自由网站为代表的校园边缘网络文化主流化，彼此呼应，丰富校园网络文化空间和内容，形成上下联动、左右互动的校园网络集团规模。

同时，要把网络文化建设纳入高校校园文化建设的大范畴，并体现在高校发展的总体规划中，予以特别重视。校园网络文化建设，是高等教育不断深化改革、大学校园不断向信息化高速发展的必然要求。大学作为人类文化、知识传承和发展的基本基地，在信息时代，加快以网络化、数字化为主要支撑的信息化校园建设，是大学走上可持续发展最经济、最可行的方式。因此，校园网络文化建设的地位和作用必将随着时代的发展而愈加凸显。

第二，优化当前校园网络"文化生态"，加大校园网络管理制度创新。

在当前的校园网络文化环境中，存在着许多不良现象，这些不良现象，污染了校园网络文化生态环境，优化校园网络文化环境刻不容缓。其一，要提升网络技术水平，构筑信息海关，有效隔离和消除有害信息；其二，要加快校园网络制度建设，保护和规范校园网络文化的健康发展；其三，建立校园网络在线投诉，鼓励和发动全体学生积极参与，发现有害信息立即举报，使其无法立足；其四，要重视开发各类师生欢迎的网络信息产品，制作、传播集思想性、知识性、艺术性、娱乐性于一体的信息产品，打造优良的网络"文化生态"。

同时，信息管理制度创新是大学校园网络文化建设的重要一环，也是提升大学校园网络文化品位和层次的重要保障，必须在管理理念上从封闭走向开放，从单一走向多样，从静态走向动态，从直线性走向立体性，从孤立走向协调；在管理体制上要理顺关系，明确责任，厘清范围，避免互相推诿卸责的情况；在管理方式上要充分运用、发挥网络的技术优势，提高管理效率；在管理文化上要重视营造健康的文化氛围与和谐局面。而作为管理的主体也是客体的师生，是整个信息管理制度创新体系中最重要的一环，也是最具有主动性的一环，要通过加强师生的网络素质教育，引导师生理性地使用、利用和创造网络资源，增强师生抵御网络文化中不良因素影响的抗体，掌握大学校园网络文化建设的主动权。

第三，创建校园主网站和思想政治教育专题网站，构筑先进的网络文化建设新平台。

高校网络文化建设必须遵循互联网发展规律和社会主义精神文明建设规律，体现社会信息化进程要求和大学生思想政治教育要求，把校园网建设成为传播先进文化和弘扬主旋律的重要渠道、加强大学生思想政治教育的重要阵地和全面服务大学生观念的重要平台，充分考虑到学生的内在需求，做到内容上贴近学校生活，形式上生动活泼，实现思想性、知识性、趣味性与信息性、交互性、服务性相结合，使校园网真正成为广泛吸引大学生、为大学生喜爱、受大学生关注的重要媒体，成为他们获取健康信息的重要渠道。

第四，寻找学术性结合点，把网络文化建设同高校培养人的根本使命相结合。

"培养什么人，如何培养人"是高校必须认真思考的问题。校园网络文化建设必须结合高校的特点，思考能发挥高校优势的新办法，国内许多高校已经在这方面进行了不少探索。

第五，建立校园网络安全事件响应体系和应急机制，确保校园网络文化稳定发展。

在网络文化发展欣欣向荣之际，因网络本身缺乏内在的安全机制和部分网民道德素养低下双重因素引起的网络犯罪也严重影响着校园网络文化的健康发展，建立校园网络安全事件响应体系和应急机制势在必行。事件响应和应急，是对发生在计算机系统或网络上、威胁安全的事件进行提前响应和处理。在技术方面，高校应该建立信息安全事件响应和应急机制，避免信息资源被窃取、更改和攻击；在道德方面，高校应该完善包括集教育、引导、预警、紧急反应于一体的信息安全事件响应体系，通过全面、立体、多维的思想政治工作构筑师生网络道德的防火墙，通过丰富多彩的网络文化活动引导师生树立良好的网络道德，通过扎实的网络工作队伍及时发现不良行为，通过快速的应急反应机制迅速消除不良影响，保障校园网络文化的良性发展。

第六，以社会主义核心价值体系为基础，构造道德人格化的网络文化环境。

先进的文化环境和价值观念对主体道德规范与道德人格形成具有巨大作用。面对多样化的价值道德观念，必须坚持社会主义核心价值体系为统领，提高校园文化品位，发挥其在深层维度上的教育功能，为大学生营造道德人格和价值观念再选择的、先进的文化环境，这一点至关重要。从文化形态观的角度上看，主体道德人格的形成是一种文化浸润的过程，网络文化从逻辑上有助于形成普遍伦理与核心价值。校园网络文化正是融知、情、意、行为一个有机整体并以隐式形态孕育大学生道德人格的环境教育形态，其根本价值取向就是道德价值观的人格化。因此，网络文化熏陶和思想教育的目的应当定位于在社会主义核心价值体系的基础上，培养大学生网民的心理自主性、主体发展性，塑造与完善大学生现代化的、真善美和谐统一的、知荣辱明是非的网络社会道德人格，提高他们对网络文化信息的判断力和鉴别力。

第七，创新行为模式，积极发挥网络作为新的学习共同体的作用。

网络对人类的冲击不仅是行为方式上的，更是思维上的。在充满信息烟雾的时代，互联网是传播新知识的好途径，如何去选择信息，为知识、科学技术服务是一个刻不容缓的问题。网络作为"学习共同体"的构想对于我国的教育改革具有重大的理论价值和实践意义。网络不仅是形成新教育范例的前提，还是促使教育改革的刺激媒介。未来的高校文化将会接受丰富多样的媒体与人力支援，为大学生提供自主学习活动的天地，使大学生拥有高度的网络归属感。因此，未来的网络文化应当是平等、正义、公道和人性化的"学习共同体"。校园网络文化作为陶冶当代大学生的主要手段之一，必须站在时代的前头，以先锋的姿态，开创新局面，体现一定的超前性。因此，有前瞻性的眼光，积极发挥网络作为新的学习共同体的作用，探索这种新型载体对大学教育发展的促进途径。

第八，固本强基，落实组织，建设强有力的校园网络文化工作队伍。

校园网络文化强调思想性、艺术性、积极性、教育性和指导性，高校必须建立一支强有力的网络文化工作队伍。在这支队伍中，既要有懂网络技术的专家，又要有思想教育上的专家；既要有校领导，又要有教师；既要有学生干部，又要有普通学生。他们能使校园各项工作在网上互动。

各高校的广大专业教师积极主动地利用校园网络，开展网上教学；鼓励学生社团等设立自己的网站，充分发挥学生利用校园网自我管理、自我服务、自我教育的功能。建立校园网络文化研究组织，如校园网络文化研究小组或协会等，发挥广大学生在校园网络文化研究中的主体作用，建设具有中国特色的大学校园网络文化理论体系。这样，从上到下，从专职到兼职，从教学科研到教育管理，从实践参与到理论研究，全方位、多维度，初步形成立体化的校园网络文化工作队伍，确保校园网络文化建设有序推进。

总之，大学校园网络文化建设是个崭新的课题，随着网络技术及其应用的迅猛发展，校园网络文化建设的内容、方法和手段，以及校园网络信息的服务和管理，会不断遇到新情况、出现新问题，网络和校园文化建设之间的关系也会增添新内容、面临新挑战。对高等院校而言，只有与时俱进，不断创新探索，才能适应网络时代的发展，适应社会主义精神文明建设、社会主义和谐社会建设和加强大学生思想政治教育的要求。

第八章 校园社团与校园文化的建设

第一节 高校学生社团的内涵、特征和功能

一、高校学生社团的内涵

（一）高校学生社团的概念

高校学生社团，是指由高校学生依据兴趣爱好自愿组成，为实现成员共同意愿，按照其章程自主开展活动的群众性学生组织，是丰富高校学生日常学习与生活、丰富高校文化氛围不可或缺的一大重要角色。

具体来说，具有一定兴趣或是爱好的学生，为了更好地与其他有共同兴趣爱好的学生相互交流，促进兴趣爱好的相关技能特长的发展和自身价值的满足自愿组合形成的团体。这些团体接受高校党委的统一领导和高校团委的直接指导，以确保社团的性质以及开展的社团活动符合社会主义核心价值观，符合党和国家对于高校学生和高校文化的相关要求与期盼，具有一定的积极作用和正面意义。同时，社团接受学生会组织的日常管理以确保社团活动的规范与有序。

（二）高校学生社团的基本任务

高校学生社团在创立之初就被赋予了繁荣校园文化、丰富课余生活、发展学生技能、实现自身价值等"重担"，这便是学生社团的基本任务内涵。高校学生社团的基本任务就是遵循和贯彻党和国家的教育方针，坚持立德树人的基本导向，团结和凝聚广大高校学生，按照自愿、自主、自发原则，善

用网络技术和新媒体，开展主题鲜明、健康有益、丰富多彩的线上和线下课外活动，丰富校园文化，培养高校学生的社会责任感、创新精神和实践能力，提升高校学生综合素质，促进高校学生成长成才。

（三）高校学生社团的分类

1. 思想政治类学生社团

思想政治类学生社团是由具有共同理想信念和价值观的大学生结合在一起组成的社团。此类社团成员大多具有崇高的理想信念，眼光远大，思想觉悟高，自律性较强。

2. 学术科技类学生社团

学术科技类学生社团，是指以满足成员对科技文化知识的需求为基础，以提高学术水平和实践能力为共同目的建立，与专业学习、学术研究紧密结合的带有专业实践性质的社团。

3. 创新创业类学生社团

创新创业类学生社团旨在满足自身需要，是实现创新创业训练与实践的社团组织。创新创业类学生社团往往因为其新颖的活动对自身能力的锻炼、自我价值的实现和广泛的人际关系的建立等特点吸引现代大学生积极参与。

4. 文化体育类学生社团

文化体育类学生社团是以成员的体育艺术特长、爱好为基础，为满足成员的特长发展需要建立的非专业的文体艺术方面的学生社团。这类社团的活动形式多以文艺表演和体育比赛形式呈现，是学校文体活动的主要参与者和完成者。

5. 志愿公益类学生社团

志愿公益类学生社团，是指社团成员运用自己掌握的知识和技能进行社会公益服务和社会实践活动，是高校学生实现自身价值，贡献社会、回报社会的重要途径。

二、高校学生社团的特征

（一）个体自愿性

高校学生社团从建立到加入再到开展活动，都是学生自主管理和自觉活动的结果。其以创建和组成某个学生社团的学生为整体自愿地进行活动。高校学生社团依靠着具有共同兴趣和爱好的高校学生自主自觉形成，具有较大的自主性。

（二）目标整合性

社团成员都是以相同或是类似的目标加入该社团。这种由个体目标的集聚、统一而达到的群体目标的整合性，是学生社团得以形成的根本前提。没有这个前提，社团就会缺乏群体内聚力，也就无法持续。

（三）范围广泛性

全国各个高校学生社团的成员数量和社团开展活动的数量都非常可观，可见社团参与范围的广泛性。学生社团在我国高校的影响程度颇深，影响范围十分广泛。

（四）结构松散性

高校学生社团的结构松散性体现在学生社团的加入手续简单，退出自由。不管是组织形式、社团成员，还是活动主题，都容易变动。成员的聚集依靠共鸣，成员的行为规范依靠个人素养，没有强制性的纪律加以约束。而所谓的结构松散并不意味着学生社团的无组织或是涣散，相反，一定的松散性会加强不同学生社团之间的人员流动与交流，同时促进和增强高校学生加入社团的积极性与动力。

（五）发展周期性

由于高校本身年级的变动，必然会出现学生会组织与学生社团的按期换届，以两次换届为周期，学生社团会经历"构建（重组）—沿袭—发展"这一周期循环。在这个循环中,骨干成员的流动造成组织规模和管理水平的波动。因此,换届成为社团发展的分水岭。在每年固定时间,必然会有学生社团的换届活动,这是学生社团发展必然经历的周期活动。

三、高校学生社团的功能

不同的学生社团对高校自身、对高校学生乃至对社会具有的积极与正面的作用和影响,是学生社团赖以存在的基础以及发展与繁荣社团的重要依据。

(一)实现校园文化多元化

学生社团最大的作用便是丰富高校文化氛围。无数的兴趣爱好、共同的机缘分享,让高校校园文化轻而易举地实现跨专业、跨院系、跨院校,甚至跨社会的多元文化交流,在这些最初仅仅因为一个共同兴趣爱好而组成的社团里,常常会出现一些影响力大、发展力强,甚至成为个人未来事业发展、校园品牌和社会需求的大社团。

(二)引领思想教育生活化

在社团中,广大学生张扬个性、自由发展,为高校了解学生思想动态,进而针对性地开展思想政治教育发挥了其他组织无法替代的作用。社团的开办宗旨、组织管理、活动开展、成员交流等,都融入了理想信念教育、爱国主义教育、公民道德教育、意志品德教育。社团从成立到发展的每时每刻、每个细节,通过给予学生亲身体会和总结,实现"细雨润物、潜移默化"的潜性教育效果。

(三)推动成员成长社会化

学生社团提供了更多机遇、资源,让每个个体自由发挥自己的兴趣爱好和技能特长,也促使他们学习社会规范、融入社会角色。同时,通过与广泛的社会资源的强力联结和合作，社团为成员的一技之长提供平台，实现其社会化发展。

（四）助力校园建设纵深化

学生社团最吸引人之处在于其与时代、当代文化紧密联系，因此社团活动总是充满激情与创新。这些符合大局、热点、需求、兴趣、专业性质又富有特色而纷繁的社团活动，服务了第二课堂，丰富了学生的课余生活，成为校园文化建设的主力军和校园精神风貌的风向标，引领校园时尚甚至时代潮流的发展。

第二节　高校学生社团的组织与管理

高校学生社团是校园文化的重要组成部分，是学生拓展自身素质的一个平台，其发展状况往往标志着校园文化的水平和高度，集中展示和凸显了校园文化的特质和追求，也体现了一所高校的组织和管理能力。

一、建设完善社团管理制度

让高校学生社团真正成为充满青春与活力，具有鲜明特色的组织，充分发挥学生社团的育人功能，是各个高校共同追求的目标。高校党委、团委作为高校学生社团管理的重要组织，其作用的重要程度不言而喻。一所高校只有拥有完善的社团管理制度，社团的日常组织与活动有规章制度可循，才能保证有组织有纪律的社团活动，使社团的发展越来越繁荣。相反，若没有完善的社团管理制度，社团活动就会成为高校学生自娱自乐的平台，甚至可能出现社团活动背离社会主旋律的情况，学生社团的功能作用无从体现，其存在也就毫无意义了。

（一）明确工作权责

1.高校党委的主体责任不可缺失

高校党委要统一领导本校学生社团工作，要将加强和改进学生社团工作作为高校贯彻党的教育方针、推进素质教育的重要组成部分，纳入高校整体工作。一是高校党委领导班子中要有专人负责学生社团工作，定期了解学生社团工作情况。二是要做好对校团委、校学生会组织的工作指导。三是要积极协调学校宣传、人事、教务、科研、后勤等相关部门，对学生社团的建设和发展给予支持。

2. 高校团委的主管责任应当加强

高校团委是履行本校学生社团工作的主要管理职能部门，切实承担起学生社团的成立、年审、注销、组织建设、活动管理、经费管理和工作保障等工作。一是学校团委应设立专门机构指导和管理学生社团工作，可根据实际工作需要，进行设立学生社团团工委、学生社团网络团建等工作探索。二是学校团委的负责人中要有一人具体分管社团工作；要指定专门的教师负责社团的具体工作；要为学生社团邀请真心热爱学生社团工作、业务或专长与社团性质相关的教师担任学生社团指导教师。三是对学生社团的活动开展给予专项经费、专属场地等支持与保障。

3. 学生会组织的作用发挥不能忽视

学生会组织是校内学生组织中的中心与枢纽，要配合团委加强对学生社团的引导、服务和联系。学生会组织内要设立专门的学生社团管理部门，如学生会社团部。有条件的高校可以在学生会组织下，成立学生社团联合会独立自主地开展有关学生社团工作。校级学生会组织需要明确一名主席团成员负责本校学生社团工作；已成立校级学生社团联合会的，其主要负责人须由校级学生会负责学生社团工作的同学兼任。

（二）完善制度建设

由于学生社团的组织特性，需要制定社团明确、规范的制度进行有效的管理。当前，我国大部分高校在社团管理上制定了相关制度规范。

1. 建立健全社团成立审批与年审注销制度

一是明确学校社团成立的资质与条件，从源头上把握社团的性质。二是明确学生社团成立的审批流程，高校团委应当成为学生社团能否成立判定的把关人与责任人。三是有明确的学生社团年审与注销机制，在每学年初进行社团的登记注册，学年末进行社团的年审考核，对于工作不得力、不作为的社团予以注销。

2. 建立健全社团日常运作与配套管理制度

一是明确学生社团活动管理制度，保障学生社团活动规范合理、科学健康地开展，重点做好活动的流程方案、经费管理、安全预案的把关审核，做好学生社团在校外开展活动以及邀请校外人士出席活动的审核，做好学生社团网络化建设的管理。二是做好学生社团管理中配套管理措施的制定，重点做好学生社团财务管理、社团会员会费管理，学生社团场地、物资等管理条例。

3. 建立健全社团目标管理与考核奖评制度

基于学生社团工作运行的自主性，高校团委应当通过合理的制度设置，实现对学生社团工作的有效管理与跟踪。一是建立工作报表制度。定期要求学生社团以报表形式报告工作动态，时间一般以一个月为宜。主管部门可以根据社团报表，掌握社团日常工作情况，了解社团发展的困难与需求。二是建立工作考评制度。定期开展"优秀学生社团""优秀学生社团项目""优秀学生社团干部"等评比，"以评促建，以评助管"。通过评比的方式，促进学生社团的进步。

4. 建立健全社团教育培训与素质测评制度

学生社团的各项工作，归根结底是为了培养和锻炼学生的综合素质。因此，高校应当以素质拓展计划为总揽，将社团的工作与活动纳入素质拓展计划的整体部署去谋划与推进。一方面，要将学生参与学生社团活动的情况，进行统计与考核，将学生参加学生社团活动的受益情况进行分类记录，纳入学生的综合素质学分认定；建立吸引学生参加社团活动的动员机制、组织机制与考核机制。另一方面，要进一步建立健全学生社团部门的培训、培养制度，定期对其进行培训，分类指导学生社团干部加强社团管理、组织开展活动。

学生社团的管理制度建设是一项系统工程。除了上述制度外，建立社团的导师制度、档案制度等都是必需的。高校团委作为学生社团的主管部门，既要坚持处理好执行制度的原则性与灵活性，又要培养一批熟悉制度、执行制度、善于在实践中完善制度的学生干部，通过学生社团组织的自我管理、自我教育、自我服务，达到依托制度规范管理、科学管理、全面管理的目的。

（三）社团联合会要发挥好"大管家"的作用

当前，我国高校管理社团的形式主要有两种：一是在学生会中设立社团部，二是成立学生社团联合会。大多数高校采取了第二种形式，即成立学生社团联合会。

1. 合理设置组织机构

学生社团联合会最主要的职责和任务是主持社团变更、指导社团计划、组织社团活动、协调社团关系、监督社团运行、维护社团权益、实施奖罚措施等。它的机构设置也必须像学生社团一样，根据工作任务设立，不宜太多，以避免增加学生社团的行政负担。此外，学生社团联合会各部门也应当做好对接工作，即一个部门对应一个或多个学生社团，做好日常的联系工作。

2. 建立社团二级管理机制

建立社团二级管理机制是一种比较特殊的形式。由于在我国有不少高校存在学校、学院两级都有成立学生社团的情况，在这种模式下，校学生社团联合会要负责全校所有社团的注册登记，重点要抓好校级学生社团的建设与管理。同时，要积极发挥院级学生会、院级学生社团联合会的作用，做好院级学生社团管理与服务的工作，为院级社团与校级社团联合会之间搭建一座沟通交流与间接管理的桥梁。

3. 创新学生社团管理形式

一是除要加强组织建设与日常工作规范外，学生社团联合会还要在工作范式上立足创新。二是通过定期开展"学生社团会长圆桌会议"，增进学生社团联合会与学生社团之间的沟通和交流，及时了解学生社团的状况与困难。三是实行学生社团分类管理，增进同类社团的了解度，实现资源共享，达到互帮互助的效果。四是每学年开展"学生社团领袖训练营"，定期开展"社联之星""部门之星"等评比活动，加强学生社团干部的培养。

二、发挥社团的内在驱动力

作为自发性的组织，学生社团较强的内在驱动力正是社团发展和成功的重要力量。一个出色的学生社团应当做好社团内部管理以及社团品牌建设，这样才能实现社团的持续性和发展力。

（一）管理规范化

要增强学生社团源源不断的内在驱动力，首先要有一支优秀的社团管理队伍，并致力于社团日常建设管理与相关社团活动策划，同时建立起一套成熟的社团日常运作体系和社团活动规范。

1. 组建优秀管理团队，发挥引领作用

一个优秀的管理团队对于一个组织的发展具有至关重要的作用。因学生社团性质的特殊性，学生社团的管理团队主要由社团内部推荐产生，但是作为上级的校团委、学生社团联合会应当做好审核，坚持选用政治素质端正、综合素质优良、群众基础好的学生作为社团负责人，打造优良团队。

2. 完善社团自身建设，增强内生动力

一是社团要有自己的章程，要明确为了什么、想做什么、可以做什么。社团定位是所有社团活动的核心和指导，只有明确社团的性质，社团建设才有方向，社团成员才会有不断向前的动力。二是要公开社团工作，尤其是在社团财务方面，会员的会费管理、活动的经费预算与开支都要同社团成员做好公开。三是在社团各项工作中，要充分发扬民主，强化民主选举、民主决策和民主监督，实现自我管理。

（二）发展品牌化

一个学生社团要想长久发展下去，必须有属于自己的社团文化和代表性精品活动、品牌活动。社团活动不应该求多，而应该求精。多而不精的社团活动反而会降低高校学生乃至社会对该社团的评价，同时增加许多不必要的活动策划而浪费学生社团的人力、物力和财力。

1. 坚持兴趣起点

学生社团应坚持以学生兴趣爱好为基础的活动原则，从成员的兴趣爱好和需求出发，结合专业和学习实际，创新形式，挖掘内涵，打造学生社团的

精品活动。

2. 积极寻求合作

学生社团应该积极与相关部门合作，主动承办各种大型活动，合理协调资源配置。

3. 合理利用网络

学生社团应当依托网络积极开展活动，努力使互联网成为开展社团活动以及展现社团风采的新平台，使学生社团活动呈现出新样式，迎合广大师生的需求。例如，各学生社团可以利用微博和微信公众平台等进行信息发布与文化交流，也可以结合 App 开展活动。

三、整合优化社团社会资源

资源整合，意为通过不同来源、层次、结构、内容资源进行识别与选择、汲取与配置、激活与有机融合，以获得企业管理效益的最优化。高校学生社团的资源整合，是通过组织和协调将社团内外相关但分离的职能和资源进行整合与配置，并寻求资源配置与学生社团成长的最佳结合点的管理行为。这是促进学生社团社会化、职业化甚至是高端化的有效途径。

（一）共生共荣，高端交流

学生社团可以在校级相关部门的审批下，定期加强校际交流。社团虽然是学生自发性的组织，也有指导教师或单位的帮助，但想成为品牌，产生更广泛的影响力，甚至成为学生未来就业创业的平台，就迫切需要提高社团与外界的交流和合作。高端交流可以产生两种作用：一是可解决社团内部无法解决的问题，即时、有效解决社团发展遇到的瓶颈；二是完善社团管理，通过同行互律、相互监督规范本行业组织的运作、维护本社团的社会形象。

（二）做精做优，大气宣传

社团本身的建设是影响力的基础，但想要成为精品，就必须扩大宣传，增强影响力，这就要求社团开辟属于自己的社会宣传路径。开辟这样的路径有三种方法。一是建立专家库。专家库囊括各行各业的专业人士，在社团的内外宣传上能给予专业性指导，从品牌的文化、内涵入手提升学生社团的档次。二是强大宣传队伍。宣传的关键在于宣传队伍的打造，其需要紧跟潮流，创新在新形势下的宣传方式，让学生社团的育人功效与社团影响力相互促进。三是多种宣传口径。及时运用新媒体，综合利用书刊、网络平台、电视广告等载体全面推广自己。

（三）内引外联，上档次公关

社会、高校之间存在多样而又相同的需求，而各个社团资源的有限又束缚了活动的开展。为了解决这一矛盾，可以增强公关外联，争取外界资源的援助，实现凭借学生社团自己能力无法实现的目标，办成凭借学生社团能力难以办成的活动。政策支持、资金注入、技术帮扶、设备借用、场地提供和物质赞助等政府、社会的多方位支持，可以助力学生社团事业平稳有效发展。

第三节　高校学生社团品牌的设计与运营

社团建设对大学生来说,似乎是听多、说多、想多,却难做、少做甚至不做,其中原因,还是"知其然而不知所以然"。事实上,高校社团和社会社团一样,要想寻求长期存在和不断发展,就需要建立品牌意识,打造社团品牌,服务社团文化。

一、培育社团文化品牌

在起步阶段,学生社团尚未形成成熟的社团文化。学生社团成员一般难以将精力投入社团文化建设,因此怎样打造社团文化、打造怎样的社团文化,是起步阶段学生社团面临的又一难题。

(一)创建思路

1. 树立品牌意识

品牌建设是各类组织发展壮大的重中之重,高校社团也不例外。无论是在社团建立初期,还是在社团建立稳定后,都需要梳理、建立社团品牌,制订好品牌打造计划,只有这样才能更好地实现社团功能,在校园的"文化赛跑"中胜出。

2. 挖掘品牌内涵

建立了品牌意识,最重要的就是挖掘品牌的价值和内涵。一是分析文化积淀。社团无论是在成立之初就创建品牌,还是在成立之后创建品牌,都有一个文化传承和积淀的过程,只有精心梳理,有所舍弃,有所建设,品牌定位才能更清晰。二是明确品牌定位。定位是"方向盘",是战略层面的基础设定和发展规划。要明确社团的类别归属、活动载体、活动形式,并对发展方向、发展前景、发展规模进行总体规划。三是明确价值理念。价值是品牌创建的核心，体现了社团的个性和特色。社团品牌价值打造，可通过凝练理念口号、把握专业化程度、设计特色活动、拓展活动成效延展性等方面来实现。"人无我有，人有我优"才能彰显社团品牌的特色，体现社团品牌的价值。

3. 设计品牌形象

品牌形象是品牌在市场上、在社会公众心中表现出的个性特征，它体现了公众特别是消费者对品牌的评价与认知。品牌形象与品牌不可分割，形象是品牌表现出来的特征，反映了品牌的实力与本质。品牌形象包括品名、包装、图案广告等设计，是消费者对品牌所有联想的集合体，反映了品牌在消费者记忆中的图景。通过设计能承载本社团文化的形象或吉祥物能将社团品牌文化更生动地展示出来。向社团成员征集设计方案就是增强社团归属感的一种有效方法。通过设计接地气的吉祥物，使学生社团的品牌更加具象和喜闻乐见。

（二）繁荣路径

1. 优化师资，促进发展

有想法、高素质的社团学生干部必不可少，但缺少了有激情、有特长、业务素质高的专业教师和政治素养高、责任心强的管理教师这两位社团发展壮大的"军师"，社团发展也会陷入停滞甚至倒退。教师的深入指导能使社团活动更加规范，并富有知识性、竞技性、观赏性、创新性、社会性、持续性，能促进学生将兴趣转为动力，提升社团的专业化程度，把关社团的发展动向，促进社团的健康繁荣。

2. 扶持精品，披沙拣金

一是评估考核、优选精品。是否将大学生创新培养、个性发展的特质与社会实际相结合，是否重点突出、可持续发展，是社团精品活动和精品社团共同的评估标准，而这两点正是我们所讲的社会价值导向和持久延续原则。把握标准、评估优选、考核表彰，是"大浪淘沙"出精品最有效的办法。二是重点扶持、辐射效应。打造精品是繁荣社团文化品牌的有效方式与途径。

在资金、场地、指导教师等方面向精品社团和社团精品活动倾斜，并通过社团巡礼月、"十佳社团"评选等平台展示优秀社团的质量和风采，将极大推进社团高位发展，扩大品牌的辐射范围。

3. 创新方式，激发动力

创新是事物发展和进步的灵魂，更是高校学生社团品牌建设又"活"又"火"的不竭内动力，需要各个学生社团想方设法去激发。一是发挥社团成员主体地位，促进社团活动创新。在"人人都有麦克风"的新媒体时代，要更加重视发挥社团活动的组织者和参与者的智慧。在把握围绕特定的活动主题和原则基础上，鼓励奇思妙想，引动"头脑风暴"，帮助去粗取精，既激发社团成员的内动力，又符合创新的需要。二是实行项目化社会化运作，创新社团活动机制。项目化运作，即采用招标的方法确认社团活动的承办者和活动形式。项目化运作方式要变"要我做"为"我要做"，变"领任务"为"请任务"。而社会化运作，即依靠社会、动员社会、作用于社会。社会化运作将教室、校园和社会三个课堂有机融合，有助于扩大活动地域、开阔社团成员的眼界、提升社团的社会价值，将赋予社团宽广的创新空间。

4. 全面宣传，亮出品牌

社团活动在宣传时要遵循"立足长远、立足受众、立足传播"的原则。立足受众，对品牌活动这个"点"进行宣传，在目前各个高校社团普遍比较重视，但在"长远"与"传播"方面下功夫，对品牌理念及品牌建设情况这个"面"进行宣传，往往会被忽略或觉得没必要，这本身就是一种短视。只有点面结合的宣传才能全方位地展示推介社团的文化、吸引优秀学生、争取更多的社会资源，从而达成品牌建设目标。对于重点扶持的精品社团，可引导其不断完善品牌文化包装，整合校内外各种宣传媒介及各种媒体资源，多方位提供展示平台，全面提升影响力。此外，指导社团成员参与各级各类社团策划赛、"十佳"评比、项目大赛等竞赛活动，也是一种帮助全面梳理、展示、宣传品牌的有效方式。

二、设计社团精品活动

学生社团活动是一个学生社团的风采展示，是社团赖以生存与发展的基础。同时，作为一种独特的教育方法，学生社团活动在大学生成长、成才的过程中具有不可忽视的地位。一个学生社团活动设计得好坏，直接决定了其质量与影响。

（一）注重内涵，提升活动影响力

当前，我国高校学生社团活动众多，也存在着一些诸如活动形式复制多、创新少；活动流于形式，盲目追求影响大；活动设计者自娱自乐等问题。解决这个问题的思路，就是提升内涵，使社团活动更具有思想性与教育性。

1. 围绕高校中心工作

学生社团活动一定要有针对性，把学校、高校团委、学生会、学生社团联合会等组织的意图、思想性与价值性融入其中。一方面，在活动设计上要与学校整体的教育方针相呼应，主动与"第一课堂"结合起来，通过活动提高学生的社会责任感、创新意识、实践能力。另一方面，结合青年思想政治教育的热点设计活动。

2. 善于整合社会资源

学生社团活动一定要打破"闭门造车""固守自闭"的模式，要寻求开放性与包容性。一方面，在校内，可以寻求同类性质社团的协助或者是相关元素的融合。这就要求我们的学生会组织或学生社团联合会有意识地整合和引导学生社团开展此类活动。另一方面，走出校外，打破学校之间的界限，采取合办、协办等形式共同开展活动。

3. 积极寻求高位嫁接

学生社团活动应当要具有开放性，不要仅仅拘泥于社团内部的社员，有些发展优秀、成熟的社团，在设计社团活动时就可以直接定位为校级的或是学校之间的活动，甚至可以直接作为更高层次活动的具体承办单位，在社会平台上进行谋划。

（二）科学规划，增强活动吸引力

学生社团活动的环节设计好坏、科学与否直接影响社团活动开展的质量。因此，学生社团在进行活动设计时，要尤其注重以下几个方面的问题。

1.合理安排活动时间

学生社团活动开展的时间选择直接决定了活动的参与性。一是最好选择在周末，尽量避开国庆、五一假期，期中、期末考试时间。二是注重活动开展的适时性，要结合特殊节日或是时政热点开展活动。如传统文化类社团就可以把活动集中在端午节、重阳节、冬至等节日前后开展。在确定活动开展时间点后，就要对时间进行倒推，提早准备相关工作。

2.注重活动的科学性

学生社团活动的设计要注重完整性，把所有环节都考虑清楚，科学设计。一是活动环节上，从策划推进、落地实施、总结提升、经费预算、宣传报道等每个环节都至关重要，运作的好坏直接关系活动的质量与成败。二是活动推进上，要对其进行合理分工，将每项具体的工作落实到具体的部门或是负责人上，给出完成的质量和时间要求，以此更好地推进工作。三是巧妙设计出彩环节，学生社团应当在继承传统的基础上紧跟时代的步伐追求创新，要将活动赋予新意，在不同的学期、不同的时代有新的花样和特色，这样才能给高校师生面目一新的感觉。

3.结合网络转型创新

当前，网络新媒体平台的开放性与灵活性，为学生社团活动的开展提供了更广阔的空间。因此，学生社团干部在设计活动时要学会进行网络转型，一是每个社团可以在网络上开通组织的微博、微信公众号或 QQ 空间等，作为组织展示以及活动宣传的平台。二是在设计活动时可以巧妙地将网络新媒体技术进行运用与嫁接，如通过网络平台进行报名、作品展示，甚至为作品进行投票宣传，等等。三是要通过网络了解青年学生的最新喜好，用更新颖、学生喜闻乐见的方式设计活动。

三、培养社团学生干部

学生社团干部作为学生社团的直接管理者，对学生社团的创立和发展都具有重要的作用和影响。一群具有较高素养和能力的社团干部，对于社团不断前进、克服发展困难、最终实现学生社团精品化的发展过程具有重要的意义和作用。

（一）社团学生干部存在的问题

1. 思想性略显不足

趣味相投可能导致社团成员过于重视个体的兴趣和专业，而忽略了社团作为整体的思想性和内涵建设。这样容易产生两个问题。一是社团学生干部在其擅长的社团领域都属于相关技能技巧较为高超的人，但对自身的思想内涵建设不够重视。二是举办的社团活动容易陷入纯粹的"为活动而活动"的思维定式，在活动主题、思想立意等社团活动的育人功能上，有时会考虑得不够周全，使社团的思想引领提升、政治素养锤炼等技能和功效大打折扣。

2. 纪律性疏于整治

相较于其他学生组织（如学生会）而言，社团在组织建设上具有更大的自主性。如在干部选用上，一般更讲究能力优先、特长优先，因此在学生社团内部容易出现论资排辈、对号入座的现象，这对于学生社团的发展相当不利。

3. 领袖力稍逊一筹

高校学生社团的学生干部，有时即便使出浑身解数，也会显得领袖力不足。这体现在三个方面。一是"精而不博"，某一领域技能出众的人并不一定具备统筹全局的管理才能。二是社团活动的持久性可能会难以为继，如学生干部工作热情的消退，或社团活动吸引力的逐渐缺失，都会对社团活动的持久性受到冲击。三是一些社团的学生干部在换届时会遭遇人才断层，一时找不到合适的社团干部接班者，出现代际传承裂痕，导致青黄不接的尴尬局面。

（二）培养社团学生干部的对策

1. 不断增强组织建设和制度管理

一方面，高校学生社团应在高校党委、团委的领导管理下，不断增强自身的组织建设。目前，大多数高校在校党委、团委的指导下建立了高校学生社团联合会，专门针对高校学生社团进行一定程度的学生自治。这样既可提高学生自主参与社团建设的积极性，也可以保证社团的发展轨迹不会偏离学校的统一领导。另一方面，高校学生社团要不断建立健全各种规章制度，有条不紊地开展活动。要严格按照社团发展的需要，及时制定或修改各种规章制度，包括社团内部的选举制度、考评制度、奖惩制度等，保证社团活动的顺利开展，在社团内营造有法可依、有章必循的良好风气，促进社团组织的规范管理和长远发展。

2. 持续推动培训交流使传承有序

一是要做好"传帮带"工作。平时要注重积累并总结经验，优秀的社团干部多分享一些工作心得、个人体会之类的重要经验教训，学生社团的新人就会少走弯路，事半功倍。二是要举办各类培训和工作论坛。培训是一个久久为功的过程，要循序渐进地开展各类业务素质培训。同时，适当举办工作论坛，让社团干部分享经验，共同进步。三是要创造条件提供实践平台。高校社团的指导教师除了加强指导外，还应多方协调、整合资源，创造条件为社团干部提供平台，帮助他们通过实践活动增长才干、锤炼本领，全面提升社团干部的综合素质，保障社团组织传承有序、创新发展。

建议补充完善社团档案制度内容。一个社团成立的初衷，是该社团发展和前进的"指明灯"。但在一届届的传承过程中，一些社团干部对社团的历史了解不足，导致社团的宗旨偏离原方向。社团档案制度不仅有利于守住社团的"初心"，而且社团干部在阅读历史过程中，可以发现、了解社团的品牌活动，以及在以往活动中曾出现的问题，避免在以后的活动中出现同样的错误。由于部分高校社团没有固定的办公场所，社团干部流动性较大，许多档案在交接过程中丢失了，应当由校学生社团联合会对社团档案进行收集和保存。

第四节　高校学生社团的改革与发展

一、网络新媒体时代带来的机遇与挑战

网络已经越来越成为青少年不可或缺的一部分。在互联网时代的大变革、大发展的主题下，网络新媒体必然对高校学生的社团工作产生影响，为高校学生社团带来了一系列机遇与挑战。

（一）新媒体对高校学生社团工作的影响

1.丰富社团成员获取信息方式

网络新媒体和移动设备的普及，使社团的召集、宣传方式通过网站、社交群等有了很大的提升，社团内部的沟通能通过移动设备快速传达，无论是便捷性、时效性还是趣味性都得到了显著提高。采用新媒体的形式，可以充分提高信息的获取量和传播速度，使社团活动的内容由平面化走向立体化，由静态化走向动态化。

2.拓展社团成员学习交流手段

在过去，社团成员之间的交流尚未像如今一样频繁，倘若社团活动较少，或是组织不佳，就会导致各社员彼此难以熟悉。新媒体的出现，拓展了高校社团成员学习、交流的手段，延伸了社团活动的时空性。新媒体"即时化"的特点，使无法参加活动的学生可以通过视频和音频保存、网上在线学习等方式进行。新媒体"网络族群化"的特点，实现了信息共享，成员间彼此交流，为社团活动有效开展提供持久性动力。

（二）新媒体环境下高校社团应对策略

新媒体对于高校学生社团来说显然是把"双刃剑"。高校社团可以利用好这把"双刃剑"，迎接网络新媒体带来的机遇和挑战，让社团激发新的活力。

1. 活化社团活动

新旧媒体有着各自独特的优势：传统媒体导向鲜明、公信力强，海报、条幅等宣传具有便于储存、宣传周期长的特点；新媒体在信息传播上时效性强，互动方式多样，视频、动画、直播等都深受学生欢迎与喜爱，社团成员可即时、滚动地传播信息。新旧媒体各有优势，相互融合，可以满足不同形式、不同群体、不同需求下开展社团活动、实现优势互补，让高校社团活动真正"活"起来。

2. 激发社团创新

新媒体平台的使用使高校社团活动的影响不再局限于单个社团或学校，而是能够在全国各高校社团之间第一时间传播，使传统活动扩大了影响力：有的通过微信发布和社团成员的转发，实现社团活动的多极化扩散，实现以每个社团成员为中心的辐射状传播；有的借助微博以及微博话题设置，引发社团活动的全社会大范围关注与讨论；有的有效利用了微博和微信公众号中的投票功能，既提高了参与社团活动的热情，又扩大了社团活动的影响力。

3. 提高社团正能量

新媒体将各种价值观带入高校学生社团，每个人都成为传播主体，成为社团传播正能量的话筒。要对正确的文化导向进行反复宣传，通过社团主题活动的持续开展，帮助大学生树立正确的世界观、人生观和价值观。

二、高校社团发展的经验与启示

国内高校学生社团呈现百花齐放、百家争鸣的怒放态势，成为大学生丰富校园生活的重要平台。

（一）定位精准，分类细致

在社团的建设中，应该根据兴趣类别进行精准定位，细致分类。只要有兴趣就能找到适合自己的社团，这样的好处是能把专业兴趣与爱好更好地融合。以兴趣为起点，这样社团活动的参与面就会更大，社团活动更容易成为一种全民式的生活方式，学生参加社团的热情就不会逐步消退。

（二）管理规范，经费保障

高校学生社团高端化运作的背后需要完善的法规、制度和政策依据作为保障，管理高效、程序规范、透明度高、经费充足是核心要求。当前社团经费的来源主要是学校拨款、会费收入和社会赞助等。在我国，一些高校内想要成立学生社团只要提交申请即可，但要获得校方认可，并经过一个至两个学期的考核，只有合格的才可以获得正式的社团资格，向学校申请活动经费和场地。高校社团的经费来源主要是校方拨款的学生学费中的学生活动经费，有了充足的经费保障，高校学生社团才能有长足的发展。

三、学生社团摆脱发展困境的路径探讨

由于社团内部制度规范不完善、不健全，以及外部环境影响，我国的学生社团普遍存在一定的发展困境。面对发展困境，高校党委、团委、学生会等部门需要合力协作，给予社团足够的指导和支持，引导高校社团走出困境，为高校建设做出应有的贡献。

（一）学生社团目前存在的发展困境

1. 娱乐化，偏离教育本质

很多高校学生加入社团的初衷，是希望获得"归属感"，有些社团发展到中后期，偏离了教育和成长的本质，仅"为热闹而热闹"：成员维持关系靠"聚餐"、活动设计靠"好玩"、宣传推广靠"炒作"。最后，没有获得眼界的开阔、观念的更新、技能的提高、人脉的积累，学生社团也就难以实现其本身的价值和作用，发展停滞不前甚至解散。

2. 人情化，组织管理涣散

无论是以社团联合会为主的自主管理模式，还是以校团委直管和学生会管理为主的分治型管理模式，都尊重了社团灵活自由的本质。但是，一方面校团委、社联或社团指导教师本身工作负担重，难以对社团实施深入细致的监管；另一方面，社团本身组织松散，明明可以依靠以组织制度建设为基础的"法治"，却非要依赖于社团管理人的"人治"，这同样也是目前学生社团存在的问题，没有形成完善的社团规章制度，或者有一套规章制度却无视不加以遵守。规章制度形同虚设，对成员的约束力弱，导致经费管理不善、成员分工不明、活动质量低下成了学生社团的常见病。

3. 形式化，活动质量低下

社团活动是学生社团吸引力最直白的名片。可是，一些活动貌似繁荣却虚有其表。具体表现为四种类型。一是"虎头蛇尾"型。社团创立初期社团成员热情而投入，活动的数量和质量都很高，可中后期干劲减弱，应付了事或不了了之。二是审美疲劳型。老思维、老形式很容易让活动缺乏新意。三是娱乐浮夸型。有些活动出现"娱乐化""功利化"倾向，没有内涵而导致偏离初衷。四是一盘散沙型。想到什么做什么，缺乏品牌建设与精品意识，活动质量低下，最直接的影响是使社团成员缺乏获得感和成长，从而降低对社团的归属感和认可度。

（二）摆脱发展困境的路径

高校党委、团委和学生会组织等负有管理和指导学生社团权责的部门机构，应该多思考、多创新、多听意见，有针对性地解决问题。这对于高校学生社团的建设，甚至是高校文化的建设有着深刻的意义和强大的推动作用。

1. 加强学生社团外部监督

关于外部监督，其主体主要是相关学生会组织，特别是学校团委的指导和监督。

（1）规范社团制度

针对学生社团本质偏离、管理涣散等问题，社团有关管理机构和指导教师应当着力强调社团的建立和规范并严格遵循规章制度，社团联合会、校团委等组织要审核与监督社团对制度的执行力度。

（2）加强监督管理

社团的上级管理机构可以通过日常考核评估和定期先进评比等方式，给予学生社团工作的参考标准，并进行监督和管理，使社团能够对自己应该达到的工作成效有参考、有对比、有动力。

（3）完善干部培训

争取培养出一支高素质的社团干部队伍。首先，按照德才兼备的标准，选拔既有兴趣特长，又有一定的领导能力的人作为社团的骨干；其次，避免干部培训流于形式，既要有集中式的培养，又要加强指导教师和上级部门的日常指导；最后，注意未来骨干的梯度培养，使社团在换届时能够有合适的人选。

2. 改革学生社团内部机制

关于内部机制改革，主要是通过学生社团内部的自身改革、自身进步来达成。随着社会形势不断发生变化，学生社团也要与时俱进，有所为有所不为，在社团的发展方面要做到主次清晰、权责明确，增强社团活力和影响力。

（1）促进兴趣化建设

避免社团纳新以参与人数多少作为纳新成果好坏的唯一标准，而应当确保社团内部社员都热爱某项活动或者有关兴趣特长。这也是日后社团活动顺利开展、社团换届后继有人的必要条件。同时，充分发挥社团自身的技能或特长优势，使学生社团从"兴趣化"转变成"技能化"，最终实现"职业化"和"社会化"。

（2）用活校内外资源

由于高校学生社团存在资金不足等问题，依靠自身能力筹办高质量活动确实捉襟见肘，因此需要学生社团善于利用校内外资源，通过将校内的教学资源、师资资源等立项资源整合，以及积极寻求校外的社会资源、媒体资源等方法，打造出一批高质量的特色活动，提高社团活动的内涵和档次，提升社团的社会影响力，增加成员的成长机遇。

参考文献

[1] 王炳坤. 高校大学生管理教育与校园文化建设 [M]. 长春: 吉林出版集团股份有限公司,2021.

[2] 程乘,牛纪亮. 高校平安校园建设新格局研究 [M]. 北京: 科学普及出版社,2021.

[3] 宋娜. 素质教育与校园教育管理 [M]. 长春: 吉林出版集团股份有限公司,2021.

[4] 刘青春. 信息时代高校学生管理模式的转变及创新 [M]. 沈阳: 辽宁大学出版社,2021.

[5] 杨宇. 新时代应用型高校学生荣誉体系与模式构建研究 [M]. 北京: 中国纺织出版社,2021.

[6] 倪铁军. 校园文化建设的理论与实践 [M]. 北京: 光明日报出版社,2019.

[7] 李平,张昌山. 廉洁校园建设的思考与探索 [M]. 昆明: 云南大学出版社,2019.

[8] 叶向红. 绿色教育理念下学校文化建设的思与行 [M]. 北京: 知识产权出版社,2019.

[9] 寇福生. 新时代高校学生工作理论与实践探索 [M]. 沈阳: 东北大学出版社,2019.

[10] 杨建国,尹成鑫,杨湘伶等. 高职院校大学生思想分类引导与文化素质教育创新实践: 以成都航空职业技术学院为例 [M]. 成都: 西南交通大学出版社,2019.

[11] 代祖良. 创新校园文化的途径与方法 [M]. 北京: 光明日报出版社,2018.

[12] 周国桥. 高校校园文化建设管理研究 [M]. 天津: 天津科学技术出版社,2018.

[13] 吕开东,张彬．高校学风建设与校园文化融合发展研究 [M]．北京:光明日报出版社,2018.

[14] 陈涛．行业特色校园文化建设探索——基于"双创"育人理念的思考与实践 [M]．北京:光明日报出版社,2018.

[15] 翟朝霞．高校教育管理与校园文化建设研究 [M]．哈尔滨:哈尔滨地图出版社,2018.

[16] 疏勤,李静,王志伟．教育管理与校园文化 [M]．新疆:新疆生产建设兵团出版社,2018.

[17] 陈文丽．高校校园文化与就业创业管理 [M]．北京:社会科学文献出版社,2018.